悪いのは、あなたじゃない

你很好，只是你不知道

擺脫人生內耗的「不在意」情緒練習

Poche 著　連雪雅 譯

前言

「忘不掉別人說過的話。」
「抑制不住怒氣。」
「想存錢卻老是亂買東西。」
「做什麼事總是想拖延。」
「太在意別人的臉色。」
「容易被別人打壓。」

有著各式各樣煩惱的人來找我進行心理諮商。

我見過許多人以自己的方式做了各種嘗試還是做不好，一再重蹈覆轍而不斷自責，陷入沮喪。

盡力了卻不順利，不是你的錯。煩惱的原因往往令人出乎意料。

透過心理諮商找到煩惱的原因時，多數人會驚訝地發現「沒想到那時候的那件事是原因啊！」、「我一直以為那不過是一點小事而已！」。困擾已久的煩惱或不舒服，原因往往是令人出乎意料的事。

在心理諮商的現場，許多人會感到「終於能夠理解」、「覺得心情舒暢」、「總算安心了」，心態變得正面樂觀，愉快地結束諮商。

也許有人會覺得就算知道原因也解決不了問題，可是能夠察覺令自己煩惱的真正原因，就能實際感受到身心變得輕鬆。

「這樣的我也能改變嗎？」

「我能比現在變得更好嗎？」

這是第一次來進行心理諮商的人常有的疑問。

此時此刻，正在翻閱本書的你，或許心裡也有這樣的不安。

不過請放心，因為當你拿起這本書時，一切正在朝好的方向改變。

你會拿起《你很好，只是你不知道》這本書，表示你心裡已經察覺「不是我的錯」。總是習慣自責而心情低落、喪失自信的你，請做好心理準備，接受這不是你的錯。

只要察覺並接受其實不是自己的錯，就能大幅減少自責的情況。更進一步擺脫痛苦艱辛的過去，內心變得充裕，不再感到心累，每天過得很開心。

衷心希望各位能夠透過本書，找到讓自己活得比現在更輕鬆的提示。

Poche

CONTENTS

CHAPTER 3

除「討厭的過去」的詛咒

CONTENTS

CHAPTER 4

關於本書介紹的實際案例，
爲避免影射特定人物，部分內容有做變更。

CHAPTER

1

你可以擺脫「父母的影響」

和對方說話的時候，總是想著「要讓對方開心」、
「要讓對方高興」、「要說好聽的話」

和別人說話的時候，總是想著「要讓對方開心」、「要讓對方高興」、「要說好聽的話」

有些人和別人說話會覺得很開心，有些人卻覺得很累。

這沒有誰對誰錯。能否樂在其中，差異在於，**和別人說話的時候，自己在意什麼、留意什麼。**

和別人說話能夠由衷感到開心的人，通常比起對方，更關心自己。

這類型的人在意的不是對方，而是自己。會把自己想說什麼列為最優先，對於說話這件事樂在其中。說得極端一點，**即使對方很無聊，只要自己說得很開心，就會覺得「真開心」。**

可是，和別人說話會覺得累的人就不一樣了。

在意他人眼光的人，最關心的是對方的反應。

說了這件事，對方會怎麼想？會不會覺得我很奇怪？邊說話邊預測對方的反應。因為會馬上聯想自己說話的內容和說出來的事情，對方會有什麼反應，所以大腦總是不斷在思考。

「應該那樣說」、「會不會讓對方有這樣的誤解」，經常獨自煩惱苦思，大腦靜不下來。睡覺的時候也無意識地持續思考，早上醒來就覺得疲累，這樣的人不在少數。

此外，擔憂「和我這種人說話，對方會不會覺得很無聊」，甚至抱持「自己會讓別人覺得不悅」的強烈成見。在這種情況下，這類型的人最關心的就是不要讓對方覺得不開心。

該說什麼才不會惹怒對方？該說什麼才不會破壞氣氛？提醒自己不要說多餘的話。自己開不開心不重要，不要讓對方不開心才是最優先的事。**為了從表情或動作解讀對方是否感到不悅，就算只是閒聊也會覺得很累。**

看到對方笑了才鬆一口氣、讓別人開心會感到喜悅的人，最關心的是讓對方開心。因此，就算自己說得很開心，察覺到對方好像覺得無趣，就不會覺得「好開心」。反而會**反省「是不是只有我一個人在說」，或自責「那樣說是不是不太好」，擔心「是不是讓對方覺得不舒服」**。因為比起自己開心，更重視對方開心。

即使自己開心，只要對方覺得無趣，就會感到自己很失敗、很糟糕。

接下來介紹一個實際案例。

實際諮商案例

人際關係真的讓我好累。就算對方問我意見，我總是會思考對方想要的是什麼？說什麼他才會開心？對方希望我回答什麼……就算說出自己的意見，如果對方露出不滿意的表情，我會覺得「早知道就不說了」；可是不說的話，又會覺得「其實我是這樣想的」，而感到悶悶不樂。不管怎麼做都會後悔，我不知道該怎麼辦才好？

諮商者I小姐把讓對方開心視為最優先的事，這也是她對人際關係感到疲累的主因。比起自己想說的話，選擇說對方希望聽到的話；比起自己的心情，以對方的心情為優先；比起自己開心，更重視讓對方開心，認為那是理所當然的事。

以對方為優先並非不好的事。以對方為優先，自己不會感到不滿或壓力，那就沒關係。**讓對方開心，你會發自內心感到開心，那就完全沒問題。**

可是，I小姐對於無法說出自己的意見感到有壓力。像這樣，**因爲眼前的情況產生壓力，就得去了解爲何會覺得必須讓對方開心。**

以I小姐的情況來說，她從小就有了必須讓別人開心的成見。

小時候為了讓最愛的母親開心，努力念書、幫忙做家事。當她說出自己的意見，媽媽會覺得難過，或是被責罵「妳以為自己是靠誰才有辦法生活」，因此她認為說出自己的意見是不好的事。不斷配合母親，說出母親想聽到的話，努力讓母親開心。

我們在小時候會透過和父母的關係，學習「做了〇〇會發生什麼事」。**父母的價值觀對這時期學到的事情會造成很大的影響，可是那並非全部都正確。**

根據我身為諮商師的經驗，許多都是會危害生活的事。

以Ｉ小姐的情況來說，她學到「說自己的意見會被責罵」、「說自己的意見會讓人難過」。於是，她認為**說出自己的意見是不好的事，因爲這個強烈的成見而痛苦。**

察覺到這件事的Ｉ小姐總算接受「原來是小時候的經驗讓我覺得說自己的意見是不好的事，其實說出意見沒有不好」。有了這番體悟，Ｉ小姐**挑戰從小事情說出自己的意見**，像是「我想吃這個」、「我覺得這個比較好」。而且，她也學到**就算說出自己的意見，未必會惹怒對方、讓對方難過。**

像這樣察覺過去的某件事對自己造成什麼影響，進而接受，是擺脫其影響的一大步。

想讓某人開心快樂是美好的想法，但那種想法太強烈就會讓自己痛苦。

讓對方開心快樂並不是標配，只是選項。

讓對方開心並非基本條件，也不是理所當然的事。了解到不必刻意說讓對方開心的話，而且**就算對方不開心也沒關係**，像這樣允許自己很重要。

將過去那些讓你活得很辛苦的成見，**改寫成讓你活得更像自己的嶄新價值觀。**

明白憤怒之類的感情，卻不清楚「好開心！好高興！」之類的感情

明白憤怒之類的感情，卻不清楚「好開心！好高興！」之類的感情

喜怒哀樂，人類擁有各種感情。

什麼時候會有怎樣的感情，因人而異。

請試著想像等待結帳的時候，如果後面的人插隊，你會有怎樣的心情？

有些人會生氣，覺得「插隊很沒常識！」；有些人會難過地想「為什麼要插我的隊？」；有些人會明確說出「我排在你前面」；有些人則是默默無言，心情低落；有些人會頓時無法消化被插隊的情況，陷入混亂。

即使遭遇相同情況，會有什麼樣的感情，差異還是很大。**會出現怎樣的感情往往是童年家庭環境造成的影響。**

例如，你有一個很想要的玩具。

小時候常常鬧脾氣讓父母買給自己的人，長大後若有想要的東西，就會變得容易有「憤怒」的反應。

經常哭著要任性讓父母買給自己的人，長大後若有想要的東西，就會用眼淚讓對方產生罪惡感。

沒辦法告訴父母想要什麼、認定說了也不會買給自己的人，長大後就算有想要的東西，也會習慣忍耐。而且，若是**過度壓抑自己的慾望，甚至難以產生「想要」的慾望。**

長大後容易出現的感情，是小時候的你不斷嘗試「怎樣的感情能夠說動父母」、「怎樣的感情不會被責罵」得到的結果。

而且，**「容易出現的感情」經常會取代「不易出現的感情」**。這麼說可能有點抽象，請以前文「有很想要的玩具」為例來思考。

成功用鬧脾氣讓父母買玩具給自己，用哭的卻沒有用。累積這種經驗，於是強化了「不要讓別人覺得我難過比較好」、「生氣的話才管用」的念頭。這時候，容易出現的感情是憤怒，不易出現的感情是悲傷。即使有難過的事，也會用憤怒取代悲傷。

像是聽到討厭的話，真的覺得很難過的時候，會用憤怒掩飾悲傷，說出：「你說這種話實在很失禮！」**太生氣的時候，則無法察覺自己其實很難過。**

成功用哭的方式讓父母買玩具給自己，用鬧脾氣的卻沒有用。於是學到了「不要讓別人覺得我在生氣比較好」、「難過的話才管用」。

這時候，容易出現的感情是悲傷，不易出現的感情是憤怒。有別於前例，是用悲傷取代憤怒。

聽到別人說了討厭的話，其實很生氣，卻用悲傷掩飾憤怒，說出「被你這樣說，我很難過……」之類的話。

接下來介紹一個實際案例。

實際諮商案例

覺得自己好像小時候看到的媽媽一樣，很厭煩。

我的媽媽總是心情不好，一有什麼事就發火，在我記憶中幾乎沒有看過她笑或很開心的樣子。我暗自心想，不要成爲像她那樣的大人，要成爲很棒的大

人……後來我卻變得像媽媽一樣，老是在生氣。

我爲什麼會那麼易怒？是遺傳自母親嗎？

T先生因為太容易生氣而煩惱，為了找出不易出現的感情是什麼，我請教他小時候和母親相處的回憶中，至今仍記得的事是什麼。

T先生提到了三件事。

第一件事是，他告訴母親很開心的事，卻被母親怒瞪，然後母親嘆了口氣說：「你活得真輕鬆，好好喔。」讓他覺得「不可以說開心的事」。

第二件事是，他在運動會賽跑得了第三名，正當他感到很開心時，母親卻說：「也是啦，第三名是值得開心，但媽媽我每次都是第一名喔。」讓他很沮喪，覺得「不是第一名就不能開心」、「為了一點小事就開心很糟糕」。

第三件事是，喜愛唱歌跳舞的T先生，邊看電視邊跳舞的時候，被媽媽大聲怒斥：「吵死了！到一邊去。」這種情況屢屢發生，使他堅信「如果自己很開心就會惹怒媽媽」、「媽媽討厭看到我開心的樣子」。

說了開心的事，媽媽聽不進去、看到我開心就會說難聽的話、如果我很開心就會被罵……

不斷經歷這樣的經驗，T先生學會壓抑「好開心」、「好快樂」的心情，以強烈的憤怒取而代之。

雖然T先生很擔心「自己的易怒是不是遺傳自母親」，但實際上並非如此。**壓抑的感情（快樂、開心）越大，取而代之的感情（憤怒）便隨之擴大。**

和T先生一樣，因容易出現的感情太強烈而困擾的人，請試著找出不易出現的感情為何。**線索就是童年時和父母的互動。**如果有現在仍記得的回憶，或許當中會有提示。

不易出現的感情是在童年時，透過和父母互動，學到**「不可以有」、「不要表現比較好」的感情。**

長大後的你，若能允許自己展現不易出現的感情，讓兩種**感情取得平衡，容易出現的感情就不會變得太強烈。**

和T先生一樣，容易產生強烈憤怒的人，讓憤怒變小，就會變得容易感受到開心或喜悅。

好煩
好煩
好煩
好煩
我總是太在意別人的臉色或心情。
是因為我快到截止時間才交報告!?
有夠慢～
還是上次……
是我的錯？
因為我太慢了嗎
好煩 好煩 好煩 好煩好煩
所以我試著找人商量這件事，
你就是太在意別人
不要在意不就好了？
不要管就好啦？
你就為了這點小事煩惱嗎？
得到了那樣的回應。
即便如此，我還是會在意，沒辦法不管。
這樣的自己，讓我覺得好沮喪……

太在意對方的臉色、心情和當下的氣氛

你會太在意對方的臉色、心情和當下的氣氛嗎？

太過在意的自己很奇怪……為此煩惱的人很多，其實這並不是奇怪的事。

請試著想像被B先生責罵而感到很難過的A先生。

太容易在意的人會直接對B先生的憤怒或A先生的悲傷產生共鳴，有時會因為強烈的憤怒而心臟狂跳；或是對悲傷有同感，連自己也難過了起來。

很容易就代入對方的感情。

因為太投入，代入對方的感情時，強烈地感受到什麼，出現怎樣的行動，因人而異。

有些人或許覺得「我必須平息B先生的憤怒」，莫名產生責任感；有些人覺得「要小心不能讓B先生更生氣」，而噤聲不語。

對A先生的悲傷有強烈同感的人，會絞盡腦汁思考「應該跟他說說話吧」、「要鼓勵他才行」；有些人甚至會深思「B先生為什麼會那麼生氣？」、「A先生有什麼可以做的事嗎？」。

不同的行為，和個人生長的家庭環境差異有關。

小時候在意的事，會影響自己對於什麼有強烈的感受。

例如，小時候很在意父母的臉色或心情的人，長大後也會在意他人的臉色或心情；小時候在意家中氣氛的人，長大後就會在意當下的氣氛。

此外，**小時候對父母的反應也會影響自己，長大後感受到類似情況時，也會有和當時一樣的反應**。關於這點，以小時候很在意父母的臉色或心情為例來思考。

假如父母看起來心情差、很煩躁。

這時候，有些人會覺得「爸媽在不高興，不要搭話」，變得乖巧安靜；有些人會思考，「要讓爸媽的心情變好才行」；有些人會採取行動，「為了不被罵，來幫忙做些什麼吧」。

父母不高興的時候，應該搭話或不搭話；父母煩躁的時候，保持乖巧安靜還是採取行動讓父母心情變好……

孩子會思考父母希望自己怎麼做，該怎麼做才不會讓自己遭殃，將想法化

爲行動。

接下來介紹一個實際案例。

實際諮商案例

我總是很在意別人的臉色或心情，覺得很困擾。
自己工作很多，但看到有人有困難，就會忍不住問對方要不要幫忙，就連覺得累的時候，也會傾聽別人的煩惱。爲此搞壞身體的情況，發生過好幾次。
去別的診所被叮嚀「不要在意就好了」、「別管就好了」，但我就是做不到。
即使得到建議，還是會在意他人，沒辦法放下……對於這樣糟糕的自己感到很沮喪。

諮商者U小姐總是在意他人的臉色或心情。一旦在意就會激起「必須幫助這個人的想法」，讓她感到很困擾。在感到疲累、沒有餘力幫助別人的時候，仍然想著「必須幫忙才行」而採取行動。

「想幫助別人」是很美好的心意。但U小姐的情況，與其說是「想幫助別人」，應該是「必須幫助別人」的義務感或壓力迫使她那麼做。

U小姐本身也不清楚自己為何會有這種想法，即便如此，還是產生「必須幫助別人」的念頭，回過神時已經採取行動。

像這樣，**不清楚卻「忍不住做了」的行爲，通常是過去發生的事情在無意識的情況下造成影響**。於是，我向U小姐詢問關於童年時期的事。

「我家是單親家庭，我是老大，為了稍微減輕媽媽的負擔，我學會做家事，照顧弟妹。也會傾聽下班回家的媽媽發牢騷，鼓勵她、安慰她。從小開始，比起朋友或戀人，我總是以媽媽為優先。並不是媽媽強迫我這麼做，我只是希望最愛的媽媽能夠展露笑容。」

看到父母的表情，覺得「好像很難過」就會主動搭話；覺得「好像很累」就會先做好家事；覺得「好像心情不好」就會傾聽父母發牢騷。以U小姐的情況來說，全心全意想讓母親展露笑容，為此凡事顧慮的心思，也用在他人身上。

於是，看到有困難的人，就會想著「必須幫助對方」而伸出援手；看到心情低落的人，就會想著「要聽對方訴苦」而採取行動。就像把小時候對父母做過的事，套用在他人身上一樣。

「小時候的事就算長大了，也會造成影響嗎……」許多人為此感到驚訝。

即使是快要忘記的往事，對長大後的你也會造成影響。

關於這點，有一項「小艾伯特實驗」可以證實。這是讓小寶寶摸白老鼠後，立刻在他背後敲響銅鑼的實驗。

小寶寶本能地討厭巨大聲響，每當銅鑼響起就會哭。哭了幾次後，小寶寶變得討厭白老鼠。在他的腦中已經建立「摸白老鼠就會發生可怕的事」的印象。不光如此，小寶寶不只變得討厭白老鼠，也討厭所有白色的事物（白衣、白鬍子的聖誕老人）。

童年時深植的經驗會在大腦留下強烈印象，在無意識的情況下，即使長大成人也會持續影響。

說到童年時深植的經驗，許多人會想到被父母強迫做某件事，或父母對自己做了過分的事。但並非只有那樣，有時沒被強迫，就只是想幫助父母，就像U小姐努力想讓母親展露笑容。

重要的**不是父母怎麼樣或父母做了什麼。**而是**和父母相處的過程中，在父母身上感受到什麼，進而努力去做什麼、留意什麼。**

假如你現在很在意某件事而感到困擾，**回想在意的時候有何感受，採取了什麼行動？**

或許那是因為你一直掛念著「想為父母做什麼」、「必須做什麼才行」。

會對某些事很在意，是因為小時候太在意父母的想法。**已經長大的你，可以允許自己不必那麼在意了。**

了解到自己是把小時候對待父母的努力，無意識套用在他人身上，就會覺得不必那麼努力也沒關係。

不清楚卻忍不住做了的行為，其實是小時候對待父母的方式，明白這一點就能選擇要不要採取行動。

太在意某事而困擾的話，試著回想看看**是否有「想爲對方做」、「不做不行」的成見。**

擺脫過往影響的第一步，就是察覺。

只要能夠察覺，就會找到擺脫的方法。

每天上班下班，
回家做飯，
滑滑手機就上床睡覺。
筋疲力盡
睡醒後又是相同的一天……
這世上的每個人看起來都過得很開心，
各地的旅遊景點都擠滿了觀光客！
500
1萬
只有我過得不開心。
可是，什麼事會讓我覺得開心呢？
我到底想做什麼？
我連這些都不知道。
玩手遊也已經玩膩了～
究竟是從什麼時候開始，我變得不知道自己想做什麼。

大家都過得很開心，只有我活得不開心

「總覺得每天都好無趣。」
「總覺得不開心。」

有這種煩惱的人近年來驟增。

和別人商量煩惱時，得到「去做喜歡的事就好啦」、「去做覺得開心的事就好啦」、「總之試著做做看吧」的建議。如果覺得「說的也是，那就試試看」那倒沒問題。

可是，許多有煩惱的人**不知道自己喜歡什麼，想不到想做的事。沒精神去嘗試，提不起勁去做。**

如果突然覺得「每天好無趣」，可能是因為內心或身體很疲勞。疲勞的時候容易對各種事情產生負面想法。

這時候，好好睡一覺，讓身體休息，吃喜歡的東西滿足內心，身心就會恢復。

突然覺得每天好無趣，會感到焦躁或不安，越是這種時候越不要感到慌張。就像感冒的時候，如果勉強自己反而很慢才會康復；疲累的時候，勉強自己就會拖延恢復。**好好休息、不勉強自己，是擺脫「每天好無趣」、恢復精神的捷徑。**

若是長年覺得每天好無趣，原因可能就不是疲勞。

第一種可能性是，**認爲「開心是不好的事」而壓抑自己。**過去曾經因為開心或幸福被某人嫉妒，或是在身邊大人的影響下，認為「開心是不好的事」、「必須吃苦才行」。

另外，有些人是像前文第26頁的T先生那樣，因為母親的態度而認為「開心是不好的事」。

第二種可能性是，**不知道自己喜歡什麼，或不了解什麼是開心的事。**為了讓父母開心，選擇父母喜歡的東西、不能違逆父母，只能選擇父母喜歡的東西的人，很少有機會選擇自己喜歡的東西。結果便是，**知道父母喜歡什麼，卻不知道自己喜歡什麼或想做什麼。**

此外，過去自己喜歡的東西會被強烈否定或嘲笑而受傷的經驗，也會抑制

「喜歡」的感情。因為大腦會記住討厭的經驗，說到喜歡的東西會受到傷害。這時候，通常會感受到「小時候有喜歡的東西，長大了卻不知道喜歡什麼」。接下來介紹一個實際案例。

實際諮商案例

我不知道自己喜歡什麼、想做什麼，所以每天都覺得好無趣。出門上班、回家做飯、睡覺。沒有興趣，也不知道自己喜歡什麼。不是因爲發生過什麼事或是突然變成這樣……大概我從小就是如此。有時甚至會想我是不是有缺陷的人。

I小姐的情況不是突然覺得每天很無趣，而是「從小就這樣」，所以不知道喜歡的事或想做的事，原因來自過去。

念幼稚園的時候，I小姐有喜歡的顏色，但那個顏色因為「不符合性別」，所以被父母強迫穿符合性別顏色的衣服。I小姐告訴父母「我討厭這個顏色、不想穿」，卻被母親責罵「妳很奇怪」、「妳害爸媽被當成奇怪的人」、「別讓爸媽丟臉」。

此外，I小姐小學時很喜歡看漫畫，父親卻因為「看這些會變笨」、「對人生沒幫助」等理由擅自丟掉漫畫。

說完這些事，I小姐沮喪地說：**喜歡的東西，我能想到的大概就是這兩個。後來我不去想「喜歡」或「討厭」這些無謂的事，只做好自己的本分。所以我書讀得不錯，才能夠進入現在的公司……**

以I小姐的情況來說，因為過去喜歡的東西不斷被否定，所以不知道自己喜歡什麼或想做什麼。

雖然有喜歡的東西卻被否定，有想做的事卻不被允許……一再重複這樣的痛苦經驗，無意識產生了「喜歡的東西或想做的事還是不要有比較好」的想法。

沒有喜歡的東西就不會被否定，沒有想做的事就不會被傷害。**沒有「喜歡」或「想要」的感受，成爲保護自己不受傷的手段之一。**

覺得自己的人生很無趣，不知道想做什麼或喜歡什麼的時候，試著回想**從什麼時候開始有這樣的感覺。**

若是最近才有的事，如前文所述，讓身體或內心好好休息就能擺脫痛苦。

如果是很久以前就有這種感受，試著像I小姐那樣回想小時候，也許能找到煩惱的原因。

了解原因後，允許自己可以有喜歡的事或想做的事。雖然小時候喜歡的事或想做的事被父母否定，**往後的人生已經不需要獲得父母的許可。**

已經長大的你，可以靠自己的力量活下去，沒關係的。

明知距離期限還有充足的時間，卻老想著「要趕快做完」

明知距離期限還有充足的時間，卻老想著「要趕快做完」

你滿意自己使用時間的方式嗎？
還是總覺得時間不夠用，被事情追著跑呢？

關於時間的用法，每個人都有各自的習慣。有些人必須面臨緊迫的截止日期才會卯足全力；有些人在截止日期前必須有充足的時間，否則會靜不下心。

不管哪一種都沒有所謂的對錯，**使用時間的習慣多半和童年時期沒有太大的變化。**

長大後總是在截止日期快到之前才提交報告的人，通常小時候已經是這種個性，例如暑假作業在八月下旬才慌慌張張做完。

儘管很多人說「想改變這樣的自己」，但不代表在截止日期前保有充足的時間完成是好事，在截止日期快到前才做完是不好的事。

有些人能在截止日期準時完成，有些人在時間緊迫時才會卯足全力。時間緊迫才做感覺不太好，但也有些人是在關鍵時刻才能一鼓作氣。**這類型的人和在截止日期前保有充足時間的人，只是激發動力的時機不同而已。**

有問題的是，趕不上截止日期的人。

不少人小時候總是無法準時交報告或作業，因為被老師或父母責罵，**給自己貼上了**「自己＝不守時」的**負面標籤**。

小時候如果被父母問「作業交了嗎？」就會去做的人，好好利用提醒功能（在預定的日期、時間通知）就能在截止日期前交出。這是利用提醒通知取代被父母提醒，對容易不小心忘記的人，這個方法很有效。

要做的事很多，不小心把重要的事擺在最後的人，同時使用To Do List（寫出要做的事項）也很有效。

日曆提醒功能、To Do List、條件型計畫、Time Log（時間日誌）……有意義的使用時間方法很多。有些人因為這些方法得到幫助；有些人反而讓自己更加痛苦。

容易讓自己感到痛苦是因為，距離截止期限還有充足的時間，卻老想著要趕快做完。

假如你是這類型的人，**趕快做完之後能夠放鬆休息就沒問題**。起初慢條斯理，在截止日期快到的時候才完成工作；或是在距離截止日期有充足的時間，做完之後再慢慢休息，都只是時間用法不同而已。

不過，**距離截止日期還有充足的時間，完成後卻馬上開始做下一個工作，就要留意**。自己覺得沒關係倒還好，若是因為老想著「不做不行」、「要趕快做才行」而持續下去，就會產生壓力。

接下來介紹一個實際案例。

實際諮商案例

公司的人際關係讓我很煩惱，同組的人總是不認真工作。在截止日期快到的時候才交報告，休息時間卻開心地談天說笑，看了就讓人火大。之前我曾經告訴他們「要早點交」，和組長面談時，卻被告知「同組的同

事抱怨你催他們在截止日期前交報告，讓他們很有壓力」。現在回想起來還是覺得很生氣。難道是我錯了嗎？那些不認眞工作的人憑什麼抱怨我啊！

諮商者S小姐認為「要在截止日期一週前交報告」，她的原則完全沒問題，而且周遭的人也很信賴她，覺得「S小姐能夠在截止日期前交報告幫了很大的忙」。

可是，S小姐卻把自己的原則套用在周圍的人身上，因為在截止日期快到前才交出報告，對周遭的人產生怒意。即使周遭的人並未超過期限，她依然感到氣憤。

有時我們面臨對自己不利的情況會感到憤怒。於是我問她：「其他人在截止日期快到前才交出報告，對妳有什麼壞處嗎？」S小姐回道：「對我沒什麼壞處，只是他們拖到截止日期前才要交的態度，讓我很火大！」

其實，S小姐生氣的點不是在截止日期快到前才交報告這件事，而是對方要在截止日期快到前才交報告的這種態度。

覺得自己被瞧不起、被當空氣的時候，會對對方的態度感到憤怒。

S小姐從小就被父母和祖父母強烈要求「要快點行動」、「在別人說之前就要有所察覺並採取行動」。沒有察覺並提早行動的時候，會被責罵：「妳是瞧不起父母嗎？」、「妳那是什麼態度！」由於小時候的經驗，S小姐認定「提早行動是理所當然的事，不提早行動就是瞧不起對方」。

因此，S小姐對於在截止日期快到前才交出報告的人，也就是不提早行動的人，**抱持著「他們瞧不起我」的誤解。**

透過心理諮商，S小姐總算察覺「我以為自己是對在截止日期快到前才交報告的人感到生氣，其實也許是討厭自己被瞧不起」。

而且她也理解到，在截止日期快到前才交報告，不代表對方瞧不起自己，對周遭的人的強烈憤怒因而逐漸消失。

小時候被父母說過的話，會對你造成超乎想像的影響。有時就像S小姐那樣，**將毫不起疑的錯誤認知深植在自己心底**。

為什麼會變成那樣？為什麼有抑制不了的感情？**試著深入思考那個「爲什麼」**。

距離截止日期還有充足的時間卻急著「要趕快做才行」，試著問問自己：「為什麼要趕快做？」、「不趕快做會怎樣？」想到答案的話，試著問問自己：

「那是爲什麼呢？」、**「爲什麼會有那樣的感覺？」**再針對答案進行提問，就能像S小姐一樣**找到自己的眞心話。**

要擺脫為什麼會變成那樣的捷徑，就是找到「為什麼」的答案。知道「為什麼」的原因來自過去的影響，試著告訴自己：

「那是小時候的事，現在沒必要這樣想了。」

「只是父母這樣說，大家並沒有那樣想。」

為自己建立新的認知。

那麼，請告訴我你爲何應徵這個工作。
啊，好的。
我對面試感到很棘手。
每當我想要說出眞心話，
因爲我想……
……。
泛淚
就會莫名地想掉淚。
有時可以忍住，有時卻眞的哭出來。
欸欸，你是怎麼了？
!?
起身
好了，接下來請你繼續努力喔。
啊，好的……謝謝您。
下一位請進～
推開門
明明不覺得難過，不知爲何就想掉淚……

想要說出真心話卻會掉淚

有時在面談、面試或會議等必須說出自己意見的場合，會忍不住想哭，甚至哭出來。明明想向朋友或戀人冷靜表達自己的心情，眼淚卻止不住。

「覺得這樣的自己很奇怪……」為此煩惱而來進行諮商的人很多，但**沒有感到難過或懊悔卻掉淚，其實是有理由的**。接下來介紹一個實際案例。

實際諮商案例

我正在找工作，進行面試練習時會很想哭，讓我很困擾。

並不是班導對我說了什麼，讓我感到受傷，只是要說出自己的事情就會想哭。不光如此，跟朋友吵架或想說出眞心話時，我也會想哭。明明只是想冷靜表達自己的想法、想怎麼做，眼淚卻忍不住掉下來……有人說我「動不動就哭」、「妳以爲哭就解決啦」、「妳的想法很天眞」，但其實我眞的很煩惱。

不難過卻想哭，主要有三個理由。

第一個理由是，為了保護眼睛。透過眨眼分泌一定厚度的眼淚，覆蓋眼球表面，防止眼睛乾燥。

第二個理由是，受到刺激時反射分泌的眼淚。像是灰塵等異物進入眼睛時流的淚，可以立刻洗去異物，減緩刺激。

第三個理由是，情緒的眼淚。情緒高漲時會刺激淚腺分泌眼淚。悲傷或快樂的時候，是不含雜質的眼淚；生氣或懊悔時，鈉含量增加，容易流出鹹鹹的眼淚。

以S小姐的情況來說，應該是「情緒的眼淚」，**刺激淚腺的因素是壓力**。說到壓力，讓人想到討厭的事，悲傷、憤怒、喜悅、悔恨、不安、緊張……等情緒波動都會對大腦產生壓力。

S小姐從小就不擅長說出真心話。**當她想要說出眞心話或心情時，一定會被家人說「妳是個奇怪的孩子」、「一般人不會這麼想」、「妳很奇怪」**。

於是S小姐覺得「自己的想法很奇怪」、「我不是普通人」，漸漸地不再說出真心話或想法。

後來Ｓ小姐學會配合周遭的人，即使是自己覺得不好，只要朋友說：「這個很棒呢～」她就會附和說：「嗯，很棒呢。」她認為只要不說出真心話、配合對方就不會被認為很奇怪。**比起說出眞心話的自由，她選擇刻意隱瞞眞心，避免受傷。**

然而，Ｓ小姐在進行面試練習時會想哭，和朋友吵架也會想哭。兩件事的共通點就是，要說出真心話或想法。

過去被父母說的話傷害過的Ｓ小姐，選擇「不說真心話或想法」過日子，結果**說出眞心話或想法成爲她的壓力，刺激淚腺。**

這時候有效的方法是，讓自己習慣說出真心話。**只要多試著說出眞心話，**

就會覺得這是理所當然的事，不會感到有壓力。

如果有值得信任的人，試著向對方傾訴真心話。**假如身邊沒有這樣的人，可以寫在日記或筆記裡。**

不過，若是在社群網站練習寫出真心話，建議設定成「不顯示留言或回覆」。因為在匿名性高的社群網站，比起肯定的留言，否定的留言較常出現。限定能夠回覆的帳號，或是讓人無法留言，這樣做比較好。

和S小姐一樣覺得說出真心話會被否定的人，**要盡可能避免否定的反應，鬆懈「不說眞心話比較好」的念頭很重要。**

即便如此，也許有些人還是害怕說出真心話，對說出想法有所排斥。但是你並不會因為不說真心話就活不下去。所以保持原樣也沒關係，**不必責怪說不出眞心話的自己，也不必爲此心情低落。**

然而，有時難免會遇到面試或會議等必須說出真心話的場合。這時候，請**試著**在事前多多**進行「我不是在說眞心話」的練習**。**讓自己覺得不是當場直接說出眞心話，而是在正式場合說出事先練習的答案**。

這麼一來，大腦就不會感到有壓力，**覺得自己的眞心話變成「練習的答案」**。

在練習的初期階段，因為是「自己的真心話」，或許會想掉淚，但在反覆練習的過程中，漸漸地就不會想哭。

也許有人會擔心「如果被問了沒有練習到的事，可能會哭出來」。請放心，在思考真心話的反覆練習中，大腦會習慣說出真心話。當你在練習時不再掉淚，便已經能相當自在地說出真心話。

為了能說出真心話，需要一定程度的練習。

進行練習時，如果被指責「你那樣不行」、「你好奇怪」就會喪失幹勁。

所以，想要說出真心話時，請先試著不要責怪想哭的自己。

首先不責怪想哭的自己，接下來就是肯定自己。你是因為過去的影響才認為不說真心話比較好，**但也許其實也說得出真心話，試著相信自己的可能性**，之後再進行說真心話的練習也沒關係。

做自己就好
好好愛自己特集
做自己就好
這樣的你
OK啦
我搞不懂什麼是「做自己就好」。
糟了
我的手機……
打翻
我沒辦法覺得搞砸的自己很ＯＫ，
唉～看看
這坨肉……
晃動
「不管是怎樣的自己都能去愛」這種事更是做不到。
而且我想
應該沒有人
會願意接受
「做自己」的我。
你要更努力才行，
你這樣不行
為什麼你沒辦法像大家一樣做到？
我啊，
好討厭自己。

沒辦法喜歡自己，很討厭自己

「做自己就好」、「自我肯定」，儘管社會上普遍流傳這樣的話；「無法喜歡自己」、「沒辦法重視自己」，為此來進行諮商的人越來越多。

有些人因為對自己的長相或能力沒自信，沒辦法喜歡自己；有些人是和其他人做比較，產生「像我這樣的人」的負面想法。

不過，最嚴重的是「討厭自己」的類型。不僅沒辦法喜歡自己，甚至討厭自己的人非常多。

接下來介紹一個實際案例。

實際諮商案例

大家常說做自己就好，但我不這麼認為。我不覺得做自己就好，很討厭自己，甚至覺得噁心。

可是，這種想法讓我感到很痛苦、很難受，雖然想要喜歡自己，但就是做不到。其他諮商師曾說：「妳太沒自信了，要積極思考，要對自己有自信。」可是我很討厭自己，要怎麼有自信呢？

諮商者Ａ小姐不斷地說討厭自己，我問她討厭自己什麼地方？她回道：「沒有特別哪裡，就是全部。覺得像我這樣的人活著好嗎？」

於是，我開始詳細請教Ａ小姐童年時期的家庭環境，通常**以存在感否定自我的情況，是因為在童年時期和父母的關係中，曾受到深刻的傷害。**

除了明顯的忽視或虐待、不被父母關愛、覺得對父母來說，自己是麻煩的存在，都會**讓孩子強烈認爲「自己不在比較好」、「自己是不被愛的存在」**。

原本最希望得到認同的人（父母）否定自己、不接受自己，就像被告知「沒有生存價值」。**連父母都不愛這樣的我，還有誰會愛我，因而感到痛苦**。這麼說一點也不誇張，對孩子來說，父母就是如此重要的存在。

接著A小姐說出往事：

「雖然媽媽說我很重要，但她經常說爸爸的壞話。自從知道爸爸搞外遇，我覺得他很噁心。我和媽媽是相同的心情。可是大家常說我的長相和行為很像爸爸。也就是說，媽媽很討厭的爸爸和我很像……或許是因為這樣吧，我覺得自己很噁心，沒辦法喜歡像爸爸的自己。」

A小姐如此討厭自己，原來是因為母親一直在她面前說父親（丈夫）的壞話。

無法向他人傾訴丈夫外遇的母親，對A小姐說丈夫的壞話，排解心中苦悶。A小姐也覺得媽媽為了自己苦撐著不離婚，所以聽她抱怨是應該的，她認為自己有這樣的責任。

不過，**母親說父親的壞話，對身爲孩子的A小姐來說，也是一種否定**。即使對母親來說，父親和孩子是不同的個體，但對孩子來說，父親是和自己有血緣關係的存在。

不光是母親，**父親說母親壞話時，或祖父母說父母壞話時也是如此**，孩子會間接覺得自己的存在受到否定。

也許父母並沒有想讓A小姐痛苦（雖然有些母親是刻意讓孩子感到痛

苦，才說父親的壞話，這個案例並非如此）。

有些人會想或許母親有其他理由，而且父親本來就不對。

不過，我想說的並非哪一方不對，不管有什麼理由，父母的言行舉止對孩子會造成一定程度的影響。

即使父母沒有惡意，也沒有那樣的意圖，都已經對孩子的內心造成深深傷害。

因為母親討厭父親，間接地變成討厭自己，A小姐透過諮商察覺到此事。比起討厭自己，她發現是討厭「和媽媽討厭的爸爸相像的自己」。

後來她理解到母親討厭的人是父親，自己和父親是不同的兩個人。過了幾個月後，她笑著告訴我「已經不像以前那樣討厭自己了」。

如果能夠喜歡自己，那是很棒的事。然而世上有些人，因為各種緣故無法喜歡自己。不但無法喜歡，甚至有像A小姐一樣非常討厭自己的人。

就算無法喜歡自己、討厭自己，這也不是奇怪的事，**無法喜歡自己是有原因的。**

沒有小寶寶一出生就討厭自己，小寶寶在世上第一次遇見最密切接觸的人就是父母。也就是說，**小時候和父母的關係會強烈影響你對於「做自己就好」的想法。**

即便擁有人人稱羨的美貌或頭腦也會討厭自己，喜歡自己或討厭自己都和周圍的關係有關。

我要說的是，即使你小時候無法覺得「做自己就好」，也不要放棄。**你現在無法覺得「做自己就好」並不是因爲你有什麼不好或不足之處，是小時候沒**

有這樣的念頭而已。

長大後的你已和小時候不同，不需得到父母的認可也能活下去。即使小時候必須繼續生活在「那樣的家庭」，現在的你已經可以選擇自己的棲身之處，**要和誰如何往來，你自己決定。**

放心吧，**現在的你已經可以認同自己、好好活下去。**

先試著相信自己。

無法做決定，做了決定又沒自信，覺得沒有自己的意志

我無法好好表達自己的意見。
要吃什麼？
要玩什麼？
呃～
要做決定的時候，如果不找人商量就會感到不安，
上司
企劃
關於這個企劃案您覺得……
而且決定一件事總要花很多時間。
幹得好！
讚喔
那就決定用A計畫囉！
讚喔
真果斷！
好想像他一樣!!
你怎麼什麼都交給別人？
你沒有自己的意見嗎？
這點小事可以自己決定吧？
優柔寡斷。
我從以前就對做決定感到棘手。
我該怎麼做才能夠自己做決定？

無法做決定，做了決定又沒自信，覺得沒有自己的意志

- 覺得無法做決定
- 對自己的決定沒自信
- 決定一件事要花很多時間
- 交給別人決定比較輕鬆

你是否也有這些感覺呢？

為何要問各位這個問題？**因爲無法自己做決定並非不好的事**。有時候和別人商量會比較好，不是任何事都要趕快做決定。這世上有很多人想用自己決定

的方式做事情，你想讓別人做決定，覺得這樣比較輕鬆也無妨。

不過，如果你覺得這樣的自己很糟糕，想要改變、必須改變，先試著回想一件事，那就是小時候的你。

當你自己做了決定時，父母的反應怎麼樣？支持你的決定、理解你的意見嗎？還是說出「你沒辦法」、「你做不到」的否定話語，讓你感受不到贊成的態度。

如果經常覺得自己的意見被父母否定，會對自己的意見失去自信。**在過去與父母的互動之中，「自己的意見＝被否定」的印象也會反映在他人身上。**

此外，有時父母會擅自插手，替孩子決定各種事。若是「媽媽幫你做」、「照爸爸說的去做」像這樣對父母言聽計從的人，不習慣自己做決定。「我什麼都決定不了」，許多人為此感到沮喪。**其實並不是做不到，只是不習慣那麼做而已**。接下來介紹一個實際案例。

實際諮商案例

我什麼都決定不了。午餐吃什麼、要去哪裡都是配合別人。有時可以自己做決定，卻又對自己的決定感到不安，到頭來還是配合別人。別人叫我做決定，我就會腦袋一片空白，在給出答覆前要花很多時間。其實應該有更痛苦的人，為了這點小事來諮商，我覺得很慚愧……

諮商者Y先生對於無法做決定這件事，已經煩惱到會失眠的程度，他卻說自己的煩惱是「這點小事」。

陷入這種情況的原因來自過去。以前他去身心科做了同樣的諮商，醫師告訴他「有很多人比你更辛苦」、「你已經很幸福了」。後來他想「不可以為了這點小事煩惱」、「我這樣已經很好了」，努力試著不和別人商量，可是不知道該怎麼做才好，無計可施的他只好又來做諮商。

首先我告訴他一件重要的事。

那就是，**煩惱沒有大或小**。也許聽起來像是表面話，但這就是事實。因此，就算有比你辛苦的人，也不要覺得「這只是一點小事」。別人很辛苦，你也很辛苦。

即使別人覺得你的煩惱只是小事，**現在令你感到痛苦的煩惱，就是很大的煩惱**。

煩惱的狀態會消耗身心，當你陷入煩惱時，要知道你已經相當努力，請不要再逼迫自己。

如前文所述，許多「無法做決定」的人是受到過去親子關係的影響。以Y先生為例，和小時候母親的多方干涉有關。

做決定時，母親會擅自替他做主，說「這個很適合你」；在學校有煩惱時，母親會告訴他「交給媽媽就好」，代替他去找老師商量；當他說出「沒人可以和我一起去夏日祭典」時，媽媽甚至會去朋友家拜託對方陪他去。

以過度干涉為名的束縛，剝奪了孩子自己思考做決定的機會。在如此環境下成長，孩子就不會自己思考。**「反正爸媽會幫我做」、「反正只能照爸媽說的去做」，這種情況會終止孩子的思考**，長大後就會覺得「自己無法思考」。

Y先生也是如此。**這時候要先捨棄「自己無法思考」的成見**。理解自己不是因為沒有思考能力才無法思考，只是小時候沒那麼做，所以還不習慣思考。這是最花時間的階段，因此不要著急，慢慢去適應。

直到能夠接受這件事，終點已在眼前。接下來只要反覆練習即可。

首先，**試著從自己能夠做決定的事開始，像是今天要吃什麼或去哪裡等等**。從你擁有決定權的事、做了決定也不會給別人添麻煩的事開始嘗試，就不容易中途放棄。

那幾週做決定可能很花時間。即使花了時間，有時可能還是無法做決定。這時候請不要自責，**有「試著做決定吧」的想法已經很好，爲了做決定而煩惱的話，請想成「我已經很努力了」**。

想要挑戰過去沒做到的事，光是實際去挑戰這點就已經很棒了。

看到周圍的人可以自己思考做決定，只有自己做不出決定時，也許會感到沮喪。

感到沮喪是因爲你很努力了。

試著安慰自己「會覺得沮喪是因為我很努力了」。

如果還是很沮喪，試著用客觀角度看待事實。能夠自己思考做決定的人，是從小時候就那麼做。假如是四十歲的人，已經有三十五年以上的經驗，但你是從現在才開始挑戰，正在適應「做決定」的階段。比起已經有三十五年以上經驗的人，就像剛開始滑冰的人和滑冰選手做比較，這麼想的話，就會覺得比較毫無意義對吧？

還是會忍不住比較而感到沮喪的話，請試著想想**「我只是還沒習慣而已」**，告訴自己現在正要開始。

CHAPTER

2

現在起，以「自己」爲重心活下去

從單戀變成兩情相悅，
卻打從心底無法接受對方

請你答應和我交往！
好的！
我很開心！！
被單戀的人告白讓我覺得好幸福！
沒想到……
LINE傳好長
是日記嗎！？
早安！今天天氣很好喔。對了對了，其實陰天的時候，紫外線比較強，你知道嗎？我是去年才知道這件事
久等了～
……。
好俗氣
穿拖鞋來約會！？
哈、哈啾
打噴嚏有夠大聲
吵死了
討厭……
好討厭啊……
怎麼辦……
真的很抱歉！
我實在沒辦法接受那樣的他啊！

從單戀變成兩情相悅，卻打從心底無法接受對方

有些人從單戀變成兩情相悅，開始交往後，卻厭惡起對方，覺得「好噁心」、「打從心底無法接受」。

「吃東西的樣子很髒」、「不夠體貼」，為此感到討厭，因為「點菜很慢」、「打扮俗氣」等理由而感情變淡；因為約會時的一點小動作，變得打從心底無法接受對方。比起過去，和對方的距離拉近，知道了以往不知道的部分，也出現了無法接受的部分。

舉例來說，就像在昏暗的房間看不到的灰塵或垃圾，在明亮的房間就變得很明顯。以往看不見的部分變得顯而易見，心境也會截然不同。

討厭這樣的自己，或是被周圍的人說「你太要求完美了」、「看看對方的優點」，但重視自己的心情不是錯事。

話雖如此，起初感受到的不對勁，特別是生理方面的厭惡感，是一種本能反應，無法輕易消除。就算刻意忍耐，總有一天會忍不下去。即使周圍的人不理解你，即使你很在意大家口中說的「那麼一點小事」，還是請你站在自己這邊。對什麼感到棘手、討厭什麼，因人而異。**你覺得討厭，那就是討厭**。

此外，自我肯定感低的人，心境也會有所改變。自己也不知道為何無法接受，沒有關鍵性的理由，也不是討厭對方的什麼地方，就是莫名感到排斥，自己也覺得無可奈何。

接下來，介紹一個實際案例。

實際諮商案例

其實，我以前說過的那位T先生，向我提出正式交往的請求。不過開始交往後，我卻不覺得開心。明明我那麼想和他交往。雖然我馬上回覆「我願意」，但我想當時是太驚訝並不是開心，沒辦法仔細考慮。之後約會也都不覺得開心……該怎麼說呢？其實我突然覺得T先生很噁心。那麼棒的人向我提出交往，卻被像我這樣不受歡迎的人覺得「噁心」，我實在很失禮。我果然很奇怪對吧？爲什麼會發生這種事呢？

諮商者S小姐加入婚友網站，在那裡認識了T先生，對他產生好感，有了「想和他交往」的念頭。後來保持聯繫，約會幾次後，T先生向她提出正式交往的請求。

想要交往的對象主動提出交往，原本是令人開心的事，S小姐卻開心不起來。而且，在交往的過程中，突然覺得對方很噁心。

於是我問她：「交往前和交往後，T先生的言辭或態度有改變嗎？」、「T先生的哪個地方讓妳覺得噁心呢？」，結果S小姐搖搖頭說：

「T先生沒有任何改變。坦白說我也不知道T先生什麼地方讓我覺得噁心。不是他對我做了什麼讓我覺得噁心，或是有什麼地方讓我感到幻滅……不過這樣也好，我沒有優點又長得不好看，他會喜歡我這種人很奇怪啊。繼續交往下去總有一天會被甩掉。」

S小姐的情況是自我肯定感太低，對內心變化造成影響。雖然她覺得T先生很棒，想和他交往，卻覺得自己配不上T先生，所以很痛苦。

假設你眼前有一雙髒掉的長靴，破破爛爛、鞋底又有洞，已經是不能穿的狀態。看到這雙長靴，有人稱讚「好棒！很有價值！」，你會怎麼想呢？真沒眼光、奇怪的價值觀、和我合不來……或許有些人會覺得反感。

「我沒有價值」、「像我這樣的人」，**有這種想法就是把自己當成「髒掉的長靴」**。一旦出現稱讚你、喜歡你的人，就會像對稱讚破爛長靴的人一樣產生負面的觀感。

以S小姐的情況來說，**因爲「像我這樣的人」的自我否定想法太強烈，讓她對於對自己有好感的人也產生了否定的想法**。

「怎麼會喜歡像我這樣的人，那個人很沒眼光」、「怎麼會喜歡像我這麼沒價值的人，那個人很奇怪」，覺得對方失去魅力。

遇到這種情況，**重要的是不要責怪突然變心的自己**。心境的轉變並不是你很任性或個性有問題。

心境的轉變有明確的理由，因此不可以責怪自己。**覺得對自己有好感的人「很噁心」，在這種沒自信的狀態下，要是繼續自責，只會越來越討厭自己。**

雖然不知道原因，卻突然覺得對方噁心、自我否定甚至討厭喜歡自己的人……現在請先接受這些事實。**別去想是對是錯，先接受「現在是這樣的狀態，這樣想沒關係」，這是以自己爲重心活下去的重要一步。**

雖然想存錢，
卻戒不掉購物慾

說到我的解壓方法
那就是……
那個人真的有夠難搞～
啊～～～累死了……
買東西。
下單
因爲買東西
是我唯一不會
被人打擾的時間。
新品
下單
下單
下單
買
下單
餘額
2,652 圓
唉呀……
這個月又要吃土了。
雖然告訴自己
應該要好好存錢，
偏偏就是戒不掉
買東西！

雖然想存錢，卻戒不掉購物慾

「老是亂買東西」、「必須存錢，卻總是把錢花掉」，你也有這樣的情況嗎？

有想要的東西是人類很自然的慾望，買自己想要的東西也是必要的事，凡事忍耐會讓心失去活力。有「想要的東西」，想買想要的東西並非壞事。

所以，買了想要的東西，覺得「好快樂！」、「好開心！」，那就沒問題。

不過，買了想要的東西後，卻湧現「我又亂買東西了」、「又花錢了」的罪惡感，**買東西這件事可能會讓你感到痛苦**。也許並不是想要才買，而是為了排解「某種」痛苦難受的感覺而買東西。

若是因為想要才買，「想要」的心情得到回應，就會覺得滿足。可是，如果是為了排解難受的感覺才買東西，「難受」的心情並不會消失。正因為無法滿足，所以戒不掉買東西。

例如，瘦身的時候想吃蛋糕，只好吃低熱量的果凍忍耐。然而就算吃了再多果凍，「好想吃蛋糕」的慾望並未獲得滿足。**慾望與實際行動產生落差，很難消除不滿足的感受。**

假如老是亂買東西，買完東西會有強烈的罪惡感，可能是心裡有某種痛苦難受的感覺。有些人是現在遇到了痛苦的事，像是在公司或學校感到心累；有些人則是因為過去有痛苦的往事，例如小時候忍耐了許多事。

接下來介紹一個為了排解「某種」難受的感覺，戒不掉購物慾而產生罪惡感的案例。

實際諮商案例

我老是亂買東西，目前還能控制在收入範圍內……

我好像有亂花錢的壞習慣，繼續下去我很擔心會像爸爸那樣，爲了買想要的東西去借錢，覺得很害怕！媽媽也常說：「姐姐像我一樣會存錢，妳卻像那糟糕的傢伙（父親）總是把錢花光。因爲你們有血緣關係，難怪妳會亂花錢。」啊，父母在我小學時離婚了，現在我和媽媽、姐姐三個人一起住。我想總有一天會離開家獨自生活。考慮到將來，我想自己也該存錢了，偏偏戒不掉亂買東西的壞習慣，覺得很難做到。

諮商者A小姐打從懂事起就經常被媽媽說「妳和那糟糕的傢伙（父親）一樣會亂花錢」，為此感到痛苦。**事實上，就算她沒有亂花錢，因爲自認有那樣的壞習慣，所以會覺得「花錢＝浪費＝不好的事」**。

不光如此，「自己做了和母親厭惡的父親一樣的事（亂花錢），這樣下去會被母親討厭」，內心產生了這種恐懼。

由此可知，父母說過的話很容易影響孩子長大後的想法或行動。

例如，小時候被說是「賠錢貨」，有時會很難在自己身上花錢。一直被說「老是亂花錢」，想買東西時就會想太多，擔心「這是不是亂花錢」。

以A小姐的情況來說，除了買想要的東西，就連買生活必需品的時候，也會責怪自己「啊，我又花錢了，和爸爸一樣亂花錢。為什麼我那麼糟糕」。自責的心情形成壓力，為了排解壓力又去買東西……陷入惡性循環。

於是我問Ａ小姐：「最近什麼時候妳又買了東西？」，Ａ小姐這麼回道：

「嗯……上週末吧。工作上出了錯被上司大罵一頓。他說了很過分的話，我覺得很難過，氣到受不了。然後回家路上就去買東西了，買了一堆沒有特別想要的東西，後來覺得很沮喪……」

Ａ小姐是不擅表達自己心情的人，所以無法向人傾訴被上司責罵的心情。那股「被上司說了很過分的話」的強烈憤怒無處宣洩，只好用買東西的方式排解。

若能透過買東西排解心情倒還好，但Ａ小姐卻變得自責。為了排解壓力去購物，反而累積更多壓力。

在這種情況下，最重要的是，不要在買了東西後責怪自己。**了解自己為什**

麼買東西，爲什麼戒不掉這種習慣，認同自己的行爲。

以A小姐的情況來說，買東西是為了排解憤怒的心情。沒辦法戒掉這個行為，可見她的心受了傷。為了消除內心的壓力，自己思考而採取行動（＝購物）。所以**要想成「我是氣到不能不買東西」，安慰自己「你很努力了」**。

對於戒不掉購物慾，有些人會說「附和對方是反效果」、「這是不好的習慣，應該清楚告訴對方要戒掉」，但我不那麼認為。因為**戒不掉購物慾而煩惱的人也知道「戒掉比較好」、「想戒掉」**，不必別人說，他們都很清楚。儘管如此卻還是戒不掉，所以才會很痛苦。

想戒卻戒不掉的話，先從肯定那樣的自己開始。如果無法肯定戒不掉購物慾的自己，那就**不要責怪自己**。只要接受「排解壓力的管道是購物」、「我現在還戒不掉買東西的習慣」這個事實。**不要否定自己現在的狀態或行爲，避免**

增加新的壓力。

像買東西等戒不掉某種行為的依賴狀態，很難獨自擺脫。這種時候不要責怪戒不掉的自己，試著接受現況，告訴自己**「我在戒不掉的痛苦狀態下已經很努力了」**。肯定自己、接受自己，意志就會變得堅定。

假如身邊有不會否定你、願意傾聽的人，向對方傾訴也是好方法。光是那麼做就能減少自責的次數，感受到內心變得輕鬆。

有時我會想
對方其實不喜歡我吧。
咦，沒回我的LINE，IG卻有更新……
……。
接著就會開始想，
大概是覺得和我在一起
一點也不開心
啊哈哈哈
比起和我在一起時更開心的樣子……
然後就會
突然想要重整
人際關係。
確定要刪除所有聯絡人嗎？
全部刪除
按
全部刪除
下
結果，
過了一段時間
又會感到後悔。
眞是的，
當初幹嘛那麼
衝動做了那種事。
大家現在應該很開心地聚在一起吧。

突然重整人際關係

你聽過人際關係斷捨離嗎？

意思是拒絕為了社交而參加聚會，清除和關係不怎麼好的人的聯絡方式，停止和價值觀不合的人往來，斷絕對現在的自己沒必要的人際關係。

若是以自己的意志斷絕人際關係，不會有太大的煩惱。**因爲那是思考過對方對於現在的自己有無必要，以及考慮到繼續往來的優缺點後所做出的選擇，所以不太會後悔。**

然而並非上述理由，而是因為焦慮或不安，突然重整人際關係的話，就會感到後悔。在自己還沒弄清楚的情況下，做出「斷絕人際關係」的重大決定。

有些人會覺得這樣的自己很奇怪、很過分，實則不然，**這一點也不奇怪，也不過分**。

突然想要斷絕以往的人際關係，會有如此的焦慮或不安，表示已經被逼入困境。

現在你需要的不是否定自己的行為，而是去了解為什麼要那麼做，肯定自己的心情。

接下來介紹一個實際案例。

實際諮商案例

我好像和他人保持著奇怪的距離感，無論是和戀人或朋友都很難維持長久的關

係。雖然有合得來的朋友和經常聯絡的人，但我和他們全都重整了人際關係。其實我會突然封鎖在社群網站認識的人，也會取消自己的帳號。我覺得自己對大家做了不好的事，也覺得自己很過分、很有罪惡感，但我還是做了。

以Ｋ小姐的情況來說，斷絕人際關係的理由並非對方對自己做了討厭的事，而是因為自己的心情，突然重整人際關係。Ｋ小姐相當自責如此隨心所欲的自己。

不過，心情好和心情差的時候，任何人都會改變行動。心情好的時候能夠一笑置之的玩笑話，在心情不好的時候聽了可能會說：「一點都不好笑，我很生氣。」這是常有的事，所以不必責怪隨心所欲的自己。

儘管如此，Ｋ小姐還是悶悶不樂，不斷自責「我做了不好的事」、「我傷害了別人」。於是我試著問她：「在過去的記憶中，妳有過突然被誰斷絕關係嗎？」

「有！雖然現在我沒有和誰維持過長久的關係。國中時我有一個好朋友。不過，我們各自上了不同的高中後，幾乎沒見過面。高一的冬天，我在學校遇到了有點難受的事，寄了電子郵件給那位朋友……她好像是換了信箱，我聯絡不上她。那時我覺得『啊～我被斷絕關係了，心裡很難受』、『啊～我對她只是這種程度的存在』，消沉了好一段時間。」

K小姐因為被好朋友斷絕關係的經驗受到深深傷害。**正因爲知道突然被斷絕關係的痛苦，所以對於突然和對方斷絕關係的自己感到自責**。而且，這個經驗在她心中留下深刻的不安，覺得「也許我又會被對方斷絕關係」。因為知道被斷絕關係有多難受，陷入了「與其又被斷絕關係而受傷，不如自己先斷絕關係」的心理狀態。

與其說K小姐是以自己的意志積極重整人際關係，應該是**因爲過去的不安或恐懼，在被對方斷絕關係之前，自己先重整關係。**

這種情況首先要停止「我又忍不住重整人際關係」的自我否定想法。那種想法感覺像是自己無法控制的事，試著重新審視**「我是因爲這樣的理由重整關係」**。

為什麼要這麼做呢？**因爲人對於自己無法控制的事容易感到不安。**例如，自己駕駛的汽車變得無法控制、擅自移動……光想像就覺得可怕對吧。

因此，請先**堅信「是否重整人際關係，決定權在於我」**。

雖然不清楚原因，但我不是隨便重整人際關係，是**爲了守護自己的心才重整人際關係。**

不過，不安或恐懼的影響很深。突然感到不安而想重整人際關係的情況，今後可能還會發生。

在重整人際關係前，告訴自己**「現在感到的不安已是過去式」、「現在眼前的人或許和過去的那個人不同」**。

重整人際關係後感到後悔的話，可以像這樣贊同自己的決定：**「我就是這麼不安」、「我後悔做了這樣的事，可見過去受到很大的傷害」**。

想要停止重整人際關係，不管做出什麼選擇都不要否定自己很重要。這麼一來，**你就不會以他人爲重心去想「那個人是怎麼想的」而採取行動，能以自己爲重心去想「我想怎麼做」而採取行動。**

雖然沒有當面聽到對方那樣說，
總是會負面地想「反正他是這麼想的吧」

雖然沒有當面聽到對方那樣說，總是會負面地想「反正他是這麼想的吧」

雖然沒有當面聽到對方那樣說，心裡卻浮現「他是這麼想的吧」，你也會這樣嗎？

如果是好的想像倒還好，但在人際關係上，容易過度膨脹的往往是負面的想像。

麻煩的是，一旦有了「對方是這麼想的吧」的負面想像，就會把對方的一舉一動和想像做連結，進而加強負面的想像。**起初只是單純的想像，後來會當眞，形成強烈的成見，認爲：「這個人就是這麼想的！」**

結果並非事實的事，自己卻以為是事實。這是大腦的確認偏差所致，**一旦有了成見，很容易關注證實想像的資訊**。

例如「那個人覺得我是很麻煩的人吧」，對某人有這種負面成見。於是當對方和別人竊竊私語時，就會覺得「他是在說我壞話吧」。當對方嘆了口氣和你擦身而過，也許就會覺得「啊，他果然覺得我是個麻煩的人」。其實他沒有說你的壞話，嘆氣也只是為了私事，擦身而過是因為很忙而已。

接下來介紹一個案例。

實際諮商案例

我覺得去上班很痛苦。不是因爲討厭工作……不知道該怎麼說才好，公司同事認爲我「八面玲瓏」、「工作很慢」，讓我覺得很討厭。我很努力在工作，動作慢只是爲了不要有失誤。因爲做的是處理數字的工作，比起趕快做完卻出

錯，我認爲這樣的工作態度比較好。至於八面玲瓏……或許是如此，但人總是需要某種程度的溝通能力不是嗎？我希望能夠像以前那樣開心地去上班。總覺得別人是這樣看我，去上班之前就覺得提不起勁。

S小姐因為「被公司的同事認為八面玲瓏、工作很慢」，覺得很討厭而來進行諮商。不過，仔細聽了她說的話，其實她並未真的聽到有人這樣說，也沒有那種傳聞。

S小姐給自己貼上「八面玲瓏」、「工作很慢」的標籤，這種情況有時是過去被某人說過的話成為標籤。

例如，小時候被嘲笑「胖子」、「瘦皮猴（瘦巴巴）」的人，長大後就算是標準體型，也會因為「胖子」、「瘦皮猴」的標籤所苦。稍微胖一點就會想起「胖子」而感到害怕；即使一般體型也會覺得自己「瘦巴巴」而沒自信，這都是很常見的事。

但從S小姐的情況來看，標籤對她似乎沒有多大的影響。因為她認為八面玲瓏是某種程度的必要條件，自己從事處理數字的工作，比起速度更應該重視正確性。與其說為了標籤所苦，應該是覺得「沒有人了解真正的自己」而痛苦。我告訴她這件事後，她像是想起什麼似地娓娓道出：

「我想起了一件事……國中的時候，我父親搞外遇，家裡變得一團亂，我每天都很害怕父母會離婚。雖然最後他們沒有離婚。在那麼糟糕的情況下，卻聽到社團的前輩說，妳好像都沒煩惱，周圍的朋友和老師也這麼認為。**明明我那麼煩惱卻沒人了解我，還說我看起來沒煩惱。**我只能笑著敷衍過去，其實內心大受打擊。這麼說來，應該是從那時候開始，我覺得反正大家都是這麼想的吧。」

讓S小姐產生負面成見的契機就是這件事。明明這麼煩惱，周遭的人卻認為我是沒煩惱的人，**現實落差讓她的內心受到打擊**。

而且，當時被說「看起來沒煩惱」、「總是笑嘻嘻」的形象深植內心，讓她變得無法和別人商量煩惱。漸漸地**「反正大家都是這麼想」的負面想法變得越來越強烈**。

浮現「反正大家都是這麼想」的想法時，不要勉強自己否定或肯定，這點很重要。**「反正大家都是這麼想」只不過是想像，但當事人卻覺得近乎事實**。

「不可以那麼想」可能會否定自己的想法，這時候**試著加上「……我是這麼想的」**。以S小姐的情況為例，「反正大家都覺得我八面玲瓏……我是這麼想的」就像這樣。

最後加上那句話**能讓大腦理解**負面成見不是事實，**只是自己的想像**。

一再重複，負面的想像就會減少，變成**「或許別人覺得是〇〇，但我想這麼做」**，能夠以自己為重心思考事情，展開行動。

怎麼啦？你看起來很沒精神。有煩惱嗎？你可以告訴我喔。
嗯，謝謝……
其實，我被部長罵了……
是喔，我懂我懂！
那個部長老愛說多餘的話對吧！
……。
你這樣還算好呢！
哪像我上次被他說了更過分的話，他啊……
碎念
喋喋
不休
……。
咦？
他不是要幫我解決煩惱嗎！？
啊～舒暢多了！
掰掰，我差不多該走囉～
嗚嗚嗚
結果反而更累了……
我果然沒辦法和別人商量事情啊！

對於和人商量事情感到棘手

「沒辦法和別人說自己的事」、「無法和別人商量事情」，為此煩惱的人越來越多。

其實能否和別人商量事情完全不是問題，和別人說自己的事有好處也有壞處，如果你沒有「想和別人商量」、「想說自己的事」的想法那也沒關係，這不是奇怪的事。

不過，想和人商量卻做不到的話，了解「為什麼做不到」是讓你能和別人商量的捷徑。

接下來請教各位兩個問題，試著以自己的方式回答。

第一題：你可以和別人商量事情嗎？

第二題：為什麼覺得沒辦法和別人商量事情？試著舉出和別人商量事情的好處和壞處。

第一題的答案是「不可以」的話，先試著去想可以和別人商量。就像你過去傾聽別人的煩惱那樣，**你也有可以和別人商量的權利**。

第二題的重點在於，好處與壞處何者較多？

想到較多好處的人，試著把好處想得更具體。越是具體、越是有魅力的好處，能夠促使你踏出第一步。

想到較多壞處的人，表示你陷入「雖然想和人商量，可是好像會有不好的事，還是不要商量好了」這種自我制止的狀態。這時候，了解是什麼制止了自己是解決問題的提示。

接下來介紹一個實際案例。

實際諮商案例

我從以前就經常傾聽別人的煩惱，小時候會聽媽媽或祖母抱怨，雖然自己這樣說有點奇怪，我很擅長傾聽，不過，關於自己的事，卻沒辦法找人商量……

前幾天我有一件事想和認識的人商量，結果還是說不出口。想著何時要說、該怎麼開口，時間就一點一滴地流逝，最後只好放棄，心想「啊，今天就算了」。我也是因爲這樣才發現自己有這種問題。

我總是無法和人商量，到頭來只能獨自面對。坦白說，我很希望自己能夠稍微依賴別人，能和別人商量煩惱。

大略聊了一會後，我試著向諮商者N先生提出剛剛的兩個問題。

第一題「你可以和別人商量事情嗎？」，他的回答是「可以」。第二題「為什麼覺得沒辦法和別人商量事情？試著舉出和別人商量事情的好處與壞處」，他的回答是「我想不到好處。至於壞處的話，我認為對方不會認真聽，所以覺得無法商量」。

其實N先生並不是完全無法和別人商量，他曾經和認識的人商量過自己的煩惱幾次，結果卻沒有得到「對方認真聽到最後」、「對方了解我真好」的滿足感。

那些人起初都很認真傾聽N先生的煩惱，可是中途就會插話說：「我懂我懂，其實我也是啊～」最後反而是N先生在傾聽對方的煩惱。

這樣的經驗不斷累積，想商量卻不被認真傾聽→商量也沒意義→沒有可以商量的人→產生了「無法和人商量」的煩惱。

以Ｎ先生的情況來說，他需要的是能讓他覺得「有認真聽到最後」、「說出來真好」的商量對象。因此，在進行心理諮商時，感受到自己的心情被接納，讓他有了「我是能夠和別人商量事情的人」的自信，進而察覺「我也有能夠認真傾聽的對象，並非因為自己有什麼缺陷，所以無法和人商量事情」。了解到**「我只是因爲沒有值得信任的商量對象，所以沒辦法和人商量」**後，Ｎ先生不再為了無法和認識的人商量事情而煩惱。

也許你也像Ｎ先生一樣，不是無法和人商量事情的人。以為無法和人商量，於是**選擇不商量的人其實很多。想想看「其實我是可以和人商量事情的人，爲什麼做不到呢？」**。思考答案就會找出能夠讓自己和別人商量的要因。這個發現是讓你活得像自己，以自己為重心活下去的重要一步。

哈，我是很糟糕的人嘛～
我從以前就糟透了啦～
這樣也失敗那樣也失敗
失敗
失敗
因爲實在太糟糕，大家都受不了我了～
我被大家討厭了
我總是這樣停不了說自嘲的話。
你也不用一直說自己很糟糕啦……
嘿啊
咦？
大家怎麼一臉矮額的表情!?
我又搞砸啦!?

總是說自嘲的話，讓周圍的人產生反感

你會經常用失敗或對長相不滿意、覺得糟糕的部分來自嘲嗎？你經常把那些事當作笑點嗎？

說自嘲的話並非不好的事，就像搞笑藝人在電視上會把自己過去的失敗當作一種哏，說自嘲的話打圓場逗笑大家。像這樣，為了自己的好處刻意說自嘲的話，那倒沒問題。

可是，如果總是無意識地自嘲，說自嘲的話成了習慣就必須注意。

例如，太常說自嘲的話，很難建立良好的人際關係，這就是一種壞處。

進行心理諮商時，很多人曾告訴我「不知道怎麼回覆對方自嘲的話題」、「不知道該做何反應」。**總是說自嘲的話，可能會被貼上「很難聊的人」、「很難相處的人」等不想要的標籤。**

而且，如果被周圍的人認為是「可以戲弄的人」、「可以嘲笑的人」，**可能會讓自己遭遇無情的話語。**

好比自嘲說「我很胖」，以及被別人說「你很胖」，心裡受傷的程度不同。**就算是自己可以拿來開玩笑，被別人挑明說會覺得很受傷。**

其實周圍的人通常覺得「因為他自己這樣說，我以為說了也沒關係」，但被說的人已經受到深深的傷害。「果然周遭的人都是這樣覺得啊……」，因此而沮喪的人不在少數。接下來介紹一個案例。

實際諮商案例

我能改變自己糟糕的部分嗎？不好意思，我到底在說什麼……

其實，上個月開始交往的女友告訴我「你爲什麼老是說自嘲的話」、「講話正常點」、「別這樣」……可是我一直都是這樣，就算她說「講話正常點」，我也搞不清楚是什麼意思啊。眞不好意思，明明是自己的事，我卻說「搞不清楚」，我眞的是天生很糟糕的人對吧，做什麼都做不好哈哈哈哈……

諮商者Ｎ先生在談話過程中，對於自己用了「糟糕」二字。於是我問他：「你覺得自己哪個部分很糟糕？」他回：「我也不太清楚，大概是全部吧。」

我接著問他：「以前有誰說過你是糟糕的人嗎？」**不知道理由卻有那種想法，可能和過去的事情有關。**

結果N先生說：

「我爸媽幾乎每天都這麼說，從小就一直這樣。『你和哥哥不同，很糟糕』、『你很弱很糟糕』、『你是糟糕的人，所以戒不掉玩遊戲』……他們經常這樣說我。啊，不過爸媽沒有不重視我。雖然他們說話很難聽，但也很重視我，也會做飯給我吃。我真的很糟糕，所以才會被說很糟糕。」

N先生因為被父母不斷地說「糟糕」，所以覺得自己很糟糕。**小時候父母說的「你是〇〇」，在長大之後容易變成「我是〇〇」的強烈成見**。

如果是好話倒還好，在成長過程中一直聽到「你一定沒問題」、「你這樣就很好」的人，即使失敗也能振作起來。就算沮喪也能轉換心情，告訴自己「這次只是小小失敗」，聽到「沒問題」就能得到勇氣，重新振作迎接挑戰。

不過，像N先生那樣聽到不好的話，那就糟了。

成長過程中一直聽到「你很糟糕」的人，失敗的時候就會想「我果然很糟糕」而陷入沮喪。滿腦子想著「我什麼都做不好」、「我是很糟糕的人」而無法採取行動，甚至會浮現「如果會讓我這麼想的話乾脆……」的想法，而果斷放棄挑戰。

「因為父母這麼說，所以不行」，我想告訴各位事實並非如此。自嘲地說「我很糟糕」並不是因為你是很糟糕的人，也有像N先生這樣**因爲父母不斷那樣說，才覺得自己「很糟糕」**。

即使覺得父母關愛自己、重視自己，即使父母沒有那樣的意圖，父母的一句話都會對你的人生造成影響。

然而，對人生造成影響的不只是父母。**小時候，父母的影響力很強，長大後，社會的影響力也很強。**

以N先生的情況為例，他把父母認為自己的糟糕形象當作自嘲的哏，小學時用這個逗大家笑，為了和人相處融洽，說自嘲的話。N先生表示說自嘲的話已經超過二十年，相當於資深搞笑藝人。已經是習慣自嘲的狀態，就算下定決心「以後不說自嘲的話了」卻很難做到。對於很難做到的自己感到厭惡、沮喪，然後變得更加自嘲。

說自嘲的話已經有很長時間的人，先試著去想**「減少說自嘲的話」**。快說出自嘲的話時，**先忍住，這樣就OK了**。即使不小心說出，**只要察覺「說了」，那也OK**。減少自嘲的第一步，就是**察覺**。

第二步是**實際減少說自嘲的話。**

就像被說「絕對不要看」、「絕對不要推」，反而會更在意，人對於被禁止、被命令的事很難做到。因此，**不要禁止自己「不可以說自嘲的話」，請想成是「要少說」。**令人出乎意料的是，這樣反而能減少自嘲的次數。

更重要的是，無法戒掉說自嘲的話也不要苛責自己。**很難戒掉是因爲過去的影響太強烈**，這不是你的錯，不要責怪自己。習慣自嘲的人通常對自己很嚴厲，請別忘了時時回想：**「我是不是對自己太嚴格了？」**

在公司
你沒有認識不錯的人嗎？
你已經○歲了吧？這個年紀是時候考慮結婚囉！
就是沒有遇到有緣人啦～
沒有沒有
結婚這種事要趁年輕趕快結喔
就是說啊
還要考慮生小孩的事所以要快
果然會提到這個話題……
我目前還沒有結婚的打算……
開門
我回來了……
唉
還是家裡最自在了～
每次都要聽到那些，真的有夠累！

太在意自己是否體面，介意周圍的眼光

因為是男生。
因為是女生。
因為是父母。
因為有小孩。
因為沒有小孩。
因為單身。
因為沒工作。
因為是員工。

沒做到想做的事、必須做不想做的、說了違心之論、說不出真心話……許多人為了這世上創造出來的「因為是〇〇」的標籤而煩惱。

在歐美國家傾向評論個性或個人的獨特世界觀，在日本重視和諧與團體精神的「一致性」，所以必須在意自己是否體面。雖然我看過許多人為此自責，生活在日本，在意體面這件事已是常態，某方面來說，是無可奈何的事。

告訴各位這些並不是要批評哪個國家好或不好，只是想說**並非你有什麼錯才在意自己是否體面，是社會整體的氛圍讓你不得不在意**。所以在意自己是否體面絕不是奇怪的事。

接下來介紹一個實際案例。

實際諮商案例

下個月要開同學會，我很期待能夠見到以前的好友，可是又很猶豫是否別去了……

因爲我還單身、沒有交往的對象，我的個性是和別人在一起會覺得累，所以認爲現在這樣就很好，但世俗的眼光並非如此對吧？如果去了同學會，應該會被追根究柢問很多，像是「反正你單身啊」、「爲什麼不結婚啊？」、「是不是你的個性有問題？」等被窺探，想到這我就不想去了。

我很好奇自己爲何那麼在意，上網查了一下，找到「被毒親養育的孩子，容易在意自己是否體面」的文章，難道這是原因嗎？

諮商者S小姐因為太在意自己是否體面而煩惱。

想約朋友去玩，卻煩惱「對方可能覺得我單身很閒」；想要一個人悠閒地旅行，又因為「別人或許會覺得我很奇怪」而打消念頭。在情侶很常成雙成對出現的節慶期間，擔心「可能被當成寂寞的人」，就連外出都覺得討厭。太在意世俗的評價，「一定是這樣覺得吧」的想法讓自己陷入動彈不得的狀態。

前文提到，在意體面已是常態，在某方面來說，是無可奈何的事。不過，像S小姐這樣過度在意的話，會覺得很辛苦難受。

那麼，不在意體面和太在意體面的人，兩者有何差異呢？

其實S小姐很介意的「毒親養育」也是其中之一。父母過度在意是否體面，孩子也會變得在意是否體面。對孩子來說，家庭是人生中第一次接觸的小型社會，**父母重視的事物，孩子也會當作重視的事物。**

例如父母說：「人的價值取決於學歷。」孩子就會用學歷去評斷他人，長大後即使察覺不能用學歷決定人的價值，小時候的觀念已在心中根深柢固，甚至有人因為「我知道不行，但還是會用學歷做判斷」來進行諮商。

若是上述情況，了解現在的自己被父母怎樣的價值觀影響，進而去思考**「那個價值觀是否令現在的自己感到痛苦」**很有效。

不過，S小姐似乎沒怎麼受到父母的影響，因此我針對她話中常出現的「因為單身……」這句話向她提問，最近有被誰說過什麼？於是，她回答：

「我的父母和親戚從沒說過這些，他們沒有給我壓力。與其說是被別人說，我通常是因為看到網路新聞、部落格或社群網路的留言感到受傷。例如『所以說單身女性就是～』、『果然單身男性就是～』等等，不結婚就被社會輕視，讓我覺得很不甘心。」

以S小姐的情況來說，比起父母的影響，是受到社會強烈的影響。

部落格或社群網站等匿名性高的媒體，經常會有重創內心的攻擊性言論、偏激意見或不合宜的辛辣言詞。正因為匿名性高，在現實生活說不出的話，就會在這裡說出來（寫出來），這就是網路世界。

因此，聽聞那些意見，要「別去在意」，實在很難做到。就算是內心堅強的人，就算有父母支持，**經常看到批評的意見，內心總有一天會崩壞。**

若能找到太在意體面的原因，接下來就是思考減少這些原因的方法。這樣一來，就能擺脫過度在意的狀態。**即使不會完全不在意，只要能不像現在這樣在意，就比較不會感到心累。**

好比S小姐的情況，減少接觸網路資訊是有效的方法。光是這麼做，就能減少顧慮體面、因「別人是這麼想的」採取行動，而能以自己的心情或好處為優先，以自己為重心展開行動的次數就會變多。

不過，突然決定「完全不看會在意自己是否體面的資訊」難度太高，先設定一個減少接觸網路的規則。

例如，**「覺得累的時候不要看」、「心情低落的時候不要看」，以自己的身體狀況爲優先，或是以場所或時間自訂規則，像是「晚上睡前不要看」、「早上醒來在床上的時候不要看」**。

要一口氣完全改變行為，無法持久又容易受挫，請試著慢慢改變行動。

蛤～～
你又要放棄了!?
你真的每次做什麼都做不久欸～
你這個樣子沒關係嗎？
啊……應該
我啊 不管做什麼 總是做不久
小時候學才藝也是學到一半就放棄
ABC
人家不想去了
即使長大了，現在的我依然如此。
還是休息吧
幹勁
0
100
不過……
那時候 如果沒有放棄，也許會很順利吧。
那時候如果堅持下去，或許會過著不同的人生吧。有時我會這麼想。

很順利的時候、只差一步的時候卻放棄

很少人喜歡失敗、樂意失敗。比起失敗，想要成功的人絕對占多數。

不過，「想成功未必能夠採取可以成功的行動」。這麼說或許有點難以置信，**即使想成功，有時卻會無意識地朝無法成功的方向前進。**

你曾經在很順利的時候，距離成功只差一步的時候放棄過什麼嗎？

明知道繼續下去會很順利，不知為何無法持續下去？你有過這種經驗嗎？

如果有這種經驗，請回答以下這個問題：

想到成功的自己會浮現美好的想像嗎？

「回答不會的人」

答案是「不會」的話，**可能是強烈制止自己爲了成功而喜悅**。

例如，小時候被說「不要為了那種事得意洋洋」、「不可以得意忘形」、「那種事誰都會」，塑造了即使成功也無法開心的自己。

與其說是不可以成功，是**制止自己不能爲了成功而喜悅**。

所以就算成功了也不會太開心，反而是**尋找做不好的事，總是自責「還差得遠」、「還可以更好」**。

「回答會的人」

答案是「會」的話，**可能是強烈制止自己去完成某件事**。

但多數的情況是，並未當面接收到「不可以完成」、「不可以做到最後」

的訊息，而是**從父母或老師等身邊大人批評的言論，像是「沒辦法做到最後」、「你很快就會放棄」、「你做不久」，產生了「自己做不好」、「自己沒辦法做到最後」的負面想法。**

此外，**有時也因爲「成功會發生不好的事」的成見所致。**

例如，成功會遭到嫉妒、被討厭、自己的勝利（成功）可能會傷害某人，內心抱持這種不安。

接下來介紹一個因為制止自己完成事情，讓自己動彈不得的案例。

實際諮商案例

我計畫創業做爲副業，從一年前就開始準備，召集了一起努力的成員，很順利招攬到顧客，有不錯的利潤。「接下來就要正式開始了！」，卻在這時候突然變得動彈不得……與其說是動彈不得，應該說是提不起幹勁。一直都覺得「要拚囉！」而樂在其中，現在卻完全不那麼想。明知道不做不行，卻提不起勁去做。

雖然我告訴成員因爲有事要延遲開業，但總不能讓對方一直等。我到底該放棄，還是有什麼方法可以讓我激發幹勁呢？

M先生的情況是過去被父母或老師說「你做事很快放棄，你這樣很難在社會上生存」，這成為制止他完成事情的原因。事實上，那些都是他不想學的才藝或是沒興趣的事，所以才做不久。

即便如此，M先生很努力想要改變自己，但在快接近終點時，就會想起父母或老師說的話，滿腦子都想著「反正我又會放棄了」。一旦陷入那種情緒，就會覺得再努力也沒意義，突然喪失幹勁，中途放棄……不斷重複這樣的情況，自己也產生強烈的負面想法，覺得「我什麼都做不好」。

也許有人會覺得「只是把做不好這件事甩鍋給別人」，其實不是這樣。

「無法完成」的成見具有超乎你我想像的力量。

接下來透過一個實驗來說明。

心理學家達米斯調查成見會如何改變人類的行動，他將受試者分為兩組，各自給予不同的資訊，比較迷你高爾夫推桿進洞成功的次數。

1 **「這是很容易推桿進洞的幸運球」**

2 **「這只是用過的球」**

結果，被告知是「幸運球」的那組，推桿進洞的成功次數多了三成以上。

由此可知，**成見對行動有所影響**。正因為如此，當過去的成見成為制止行動的原因，先找出那是怎樣的成見，捨棄那個成見很重要。

以M先生的情況來說，首先必須了解「無法完成」是由於**過去他人塑造的成見**，進一步理解**他人塑造的成見，讓他覺得自己無法做到最後**。然後**相信「現在的自己也許可以完成」這個新的可能性，這點很重要**。

覺得成功或完成一件事受到制止的話，先試著找出哪句話是制止的原因。其實只是過去有那樣的成見，你或許也是「做得到」的人。

只要減少制止行動的負面成見，就能更加活出自我。

CHAPTER 3

解除「討厭的過去」的詛咒

這個工作也麻煩你了！
啊，好的。
資料好了嗎？
啊～還沒……
頻頻道歉
真的很抱歉
錯一堆，搞什麼！
狂吃猛吃
吃個不停
天啊
我怎麼又吃了這麼多
別再亂吃了！下次絕對不能再這樣……
同樣的事如果做了好幾次應該會學到教訓。
眞討厭這麼軟弱的自己

因爲壓力吃太多或沒食慾

遭受打擊時失去食慾，因為壓力吃太多，是任何人都可能有的情況。因此有時吃太多，或偶爾喪失食慾，不需要太擔心。可是長期吃太多，因為暴食的罪惡感，經常做出催吐等強制排泄的情況，通常建議就醫。

關於反覆過食或厭食的心理狀態，透過以下的實例進行說明。

實際諮商案例

其實我無法控制食慾，會一次吃下大量的食物。

起初只有週末時會這樣，這一年多來，只要有不開心的事，回到家就會大吃。

因爲怕胖吃瀉藥，偶爾也會勉強催吐。怕胖的話，不要吃就好了，但我就是忍耐不了，所以吃了又吐……我的意志如此薄弱，實在覺得很羞愧，除了醫師，我沒辦法和其他人商量這件事。

諮商者S小姐原本為了公司人際關係的煩惱來進行諮商，女上司盯上她、忽視她、老是找碴，讓她身心俱疲。找到解決問題的方法時，她向我坦承了這個煩惱。

因為壓力吃太多的話，只要消除壓力的要因，通常就不會再過食。以S小姐的情況來說，只要不和女上司有所牽連，可能就不會再過食。

然而，光是這樣無法根本解決S小姐的問題。因為她對自己的長相有強烈的自卑感。

S小姐小時候被嘲笑過身材，由於當時痛苦的經驗，她一直深信「變胖很醜……」、「變胖的自己沒價值」、「絕對不能變胖」。

於是每次吃太多之後，她就會想「要把吃太多的量消除」，因為內心的恐懼或焦慮，採取不當的排泄方式。可是，那麼做之後她並未感到安心，覺得「這樣就不會胖了」，所以過度使用瀉藥，對於催吐的自己抱持「做了不好的事」、「做了丟臉的事」的罪惡感。

反覆過食或厭食的情況，多數是像S小姐一樣自責「意志薄弱」、覺得「自己很丟臉」的人，其實並非如此。過食或厭食的情況變嚴重，光靠本人的意志通常很難解決，所以**不必覺得這樣的自己很丟臉或是爲此沮喪**。

如果持續厭食，大腦功能故障會變得沒有空腹感，陷入原本應該會察覺到危險的脫水狀態，或是對於低血糖狀態感到亢奮。

不光如此，對體重有強烈執著，對體型有強烈自卑感的人，就算不吃東西持續變瘦也不會滿足。「想變得更瘦」的念頭越發強烈，因為「吃一點東西，體重就會增加、變醜」的恐懼，使得厭食情況更加惡化。

因為壓力吃太多，因為過食的恐懼，使用瀉藥或催吐，對自己產生罪惡感，然後產生更大的壓力……S小姐陷入找不到出口的負面循環。

爲了切斷負面循環，可以向值得信任的人坦白這件事。

以S小姐的情況來說，就是進行諮商。

獨自面對這種情況就會忍不住自責，就像在沒有同伴、敵人環伺的地方獨自奮戰，那種超乎想像的孤獨非常痛苦。可是，如果在能接受自己的地方坦白心中的煩惱，那就不是孤軍奮戰。

沒有食慾並不是因為脆弱。

那是因爲內心受了傷，導致沒有食慾，不過是這樣而已。

厭食並非不好的事，那是承受著一種違背「為了生存而進食」的人類本能的痛苦。

帶著痛苦活著已經很辛苦，沒必要再責怪自己。出現這種症狀時，表示你已經非常努力了。

過食不是因為意志薄弱，也不是缺乏耐力，**反而是因爲有耐性，只能藉由吃撐過眼前的困境。**

藉由吃發洩壓力，忍受著眼前的艱苦，這不是意志薄弱，而是意志堅強的表現。

所以不管是哪種狀態，請不要否定現在的自己。如果還是忍不住想自責，建議和值得信任的人聊一聊。

和不會責怪你、願意接納你的人傾訴，應該就能往前邁出一大步，擺脫眼前的艱辛。

在社群網站總是看到生活精彩、過得很充實的人。
和好友在時尚的咖啡廳吃午餐！
我卻是獨自在家吃泡麵。
想想我這個人，不但沒有無話不談的朋友，
昨天啊……
好棒喔～
好像沒辦法加入她們……
學生時期的朋友現在也已經變得疏遠。
我們結婚了
新年快樂
雖然知道對方的聯絡方式，可是並沒有保持聯絡。
我也想過既然這樣，乾脆現在來交新朋友吧……
但我其實比較喜歡獨處
錯愕
與其說是覺得現在來交朋友很麻煩，也許我是……
覺得和別人變親近很棘手吧～～!?
難道我是一個有問題的人嗎!?

擔心遭到背叛

你身邊有能夠稱為好友的人嗎？

即使不是好友的程度，有心事的時候、有困難的時候，有可以聽你傾訴、讓你依賴的對象嗎？

我不是要說「沒有好朋友很奇怪」、「沒有可以依賴的人很糟糕」。只要你不會為此煩惱，**就算沒有好朋友，就算有困難時沒有可以依賴的人也沒關係。**

可是，如果你「想要有好朋友」、「有困難的時候，希望有可以依賴的人」，卻對於和別人變親近感到恐懼或棘手，可能是過去的某件事制止了你的行動。

容易造成這種狀況的原因是，**遭到背叛的經驗**。

遭到背叛聽起來很嚴重，其實並非如此。**人在無法獲得期待時，會覺得「遭到背叛」**。

例如，「知名甜點師大推」的當紅甜點沒有想像中好吃；宣稱「穿了就會瘦」的東西，感覺不到效果時，人都會覺得被背叛。

其實被背叛的經驗，容易在下次發生相同行為時，成為制止行動的原因。

接下來介紹一個實際案例。

實際諮商案例

覺得辛苦或難過的時候，我沒有可以傾訴的好朋友，也沒有可以毫無顧慮自在相處的人。過去我覺得就算這樣也沒關係……不過內心似乎存在著想和某人變親近，以及害怕變親近的矛盾心情。

我把這件事告訴父母，他們說「想和別人變親近，那就去變親近就好啦！」，話雖如此，我還是無法消除害怕變親近的心情。

我也不知道為什麼，我這樣很奇怪對吧……

上述情況其實是被某人傷害過的經驗，制止了自己和別人變親近。例如，**被要好的人傷害過的人，對於變親近容易有所警戒；被陌生人傷害過的人，對初次見面的人容易產生戒心。**

不過，M小姐的情況是，長大後沒有被人背叛過或傷害過。

於是我問她：「妳有被要好的朋友傷害過的經驗嗎？」她苦笑著說：「其實小學去遠足的時候發生過令我受傷的事，至今仍難以忘記。並不是被欺負，也不是什麼了不起的事……而且已經是幾十年前的事了，我想應該沒有關聯。」然後她接著說起那件事。

M小姐和好友約好遠足那天要一起吃便當，可是到了當天，好友卻和其他組的人吃便當。不知如何是好的M小姐獨自站在公園角落，後來班導發現她，問了同學「誰來和她一起吃」，卻沒人找她，最後她和班導一起吃便當。

以為是好友的人突然背叛自己的打擊；老師幫忙發聲，卻沒有同學願意找自己吃飯的難過和難為情；和班導一起吃便當時，聽到大家歡樂的笑聲……現在偶爾想起，她還是會覺得痛苦，對M小姐來說，那是屈辱的往事。

M小姐因為小學時的打擊，讓她堅信「不可以太相信別人」、「不要和別人太親近比較好」、「人都會背叛別人」。

如今的M小姐覺得那不是什麼了不起的事，但對童年時的她卻是很嚴重的事。被好友突然背叛的經驗深深傷害內心，因而產生「不要太相信這世上的人，不要和別人太親近比較好，不然總有一天會被背叛」的成見，這種情況很常有，因為學校對孩子來說是個小型社會。

由於過去的痛苦經驗對眼前的人萌生戒心，但像M小姐一樣了解什麼是制止行動的原因後，就會對眼前的人逐漸消除戒心。**感到恐懼是因爲過去的經驗，進而察覺到眼前的人並不可怕的事實。**

雖然很多人煩惱「無法相信他人的自己好像很奇怪」，但不是每個人天生就完全不相信他人。

也就是說，**這樣的你並不奇怪，因爲過去發生了讓你無法相信他人的事。**

即使不清楚原因，對某人感到不安或恐懼時，試著找找看過去有沒有讓你有相同感受的事情。

只要了解不安或恐懼的原因為何，現在的感受就會漸漸薄弱。

有時我會不經意想起過去別人說的殘酷話語。
而且總是莫名地想起那些話
悶悶
不樂
……
吸——…
那已經是幾十年前，我還是小學生的時候被說過的話
你這傢伙跑有夠慢！短腿仔～
煩死了
還有幾天前在社群網站上被酸的話。
打擊
這種人煩死了！
沒錯沒錯而且啊……
……
……
雖然有人說討厭的話語最好忘掉、過去的事應該要放下、不要去在意那些話就好了……
但我就是忘不掉！
忘掉
忘掉
大家到底都是怎麼做到的!?

過去被說過的殘酷話語在腦中一再重複

我在第一本著作《從今以後，我只為自己呼吸》中提到，過去父母反覆說過的話會像貼紙般牢牢貼在心上，持續對你的人生造成影響。

其實，不光是父母說過的話，表面風光的人會因為網路上的毀謗中傷，導致身心俱疲、遍體鱗傷，對自己的長相或技術失去自信……這是近年時有所聞的事。

說這些是想讓各位知道，**無法忘記過去被說過的殘酷話語，在腦中一再重**

複是很自然的事。

所以，沒必要為了「現在還在糾結」而沮喪，也不必自責「到現在還沒忘記」。

因為內心受到很大的傷害，讓你至今仍未忘記；因為對方說了你無法接受的無理話語，所以錯的不是你。

就算是陌生人說的話，就算是只聽過一次的話，過去被說的話無論好壞，都會影響往後的人生。

麻煩的是人的習性，**比起「好話」，更容易記住「壞話」**，因此不容易忘記被某人說過的討厭話語。

接下來介紹一個實際案例。

實際諮商案例

剛出社會的我某天走在路上，被走在前面的男學生嘲笑「那傢伙是胖子，你們看他的西裝有夠緊」。對方還只是個孩子，我想他只是隨口說說，但我一直無法忘記當時他說過的話……那已經是三年多前的事，現在偶爾想起還是覺得很痛苦。

雖然我不會時常想起，只是一旦想起那件事，腦中就會一再出現「胖子」、「西裝有夠緊」這兩句話，有時甚至陷入恐慌狀態。上次開會的時候，突然陷入恐慌，還讓周圍的人爲我擔心。請問有什麼方法可以忘記過去討厭的話語？

雖然有人認為這是「被指出事實，所以覺得受傷」、「被指出自己在意的事而受到打擊」，但情況並非如此。**別人說的話就算不是事實，就算不是特別在意的事，也會讓內心相當受傷。**

事實上，U先生的體型相當標準，根本稱不上「胖子」，他也這麼認為，所以對自己的體型並不感到自卑。過去也沒有被人說過身材的事。

若是這種情況，要忘記過去被說過的殘酷話語，關鍵在於**「回想時出現了怎樣的感情」**。如果有會一再想起的話語，**通常是因爲無法好好表現自己眞正的感情。**

回想時出現的感情因人而異，有些人會憤怒，有些人會悲傷、沮喪，或是因為事發突然而感到混亂痛苦，甚至無法思考。那些感情沒有好壞之分，請別擔心。

諮商者U先生出現的感情是「因為事發突然而感到混亂痛苦」。聽到殘酷的話語時，U先生心想「為什麼要這樣說我」、「不認識的學生為何要對我說那麼過分的話」，陷入半恐慌狀態的他變得無法思考。即便已經過了三年，如今回想起來，他發現自己「還是會和當時一樣混亂」。

以U先生的情況來說，真正隱藏的感情是「憤怒」。

進一步深入探究關於「不認識的學生為何要對我說那麼過分的話」這種內心的混亂發現，其實存在著「很火大」、「說那種話很沒常識」的憤怒情緒。

U先生提到從小就對經常動怒的父親感到棘手，他一再告訴自己「我不要變成那樣」、「生氣是不好的事」。於是，他**在感到憤怒時，刻意壓抑「憤怒」，而出現了別種感情**。

知道自己真正的感情是「憤怒」後，U先生內心舒暢許多。

過了幾個月，他在短短半年的時間內，想起的次數大幅減少，即使想起也不會再陷入恐慌。

從這個案例得知，**要減少「討厭的記憶」重複的頻率，重點是了解隱藏在「混亂」背後的眞正感情。**

能夠察覺當時沒有發現的感情，就會減少重複的頻率。即使再次想起，也不會對身心造成太大影響。

為何會發生這種事，是因為大腦具有反覆思考「不了解的事」，然後設法「了解」的習性。

就像很在意缺了一片的拼圖，或看到「巧克○」會想要填補空白部分，不了解自己真正的感情對大腦來說，就像殘留「不了解的事」的不適狀態。**爲了設法解決不適的狀態，就會回想起討厭的記憶。**

不過，能夠察覺自己真正的感情，「不了解的事」就會變得「了解」，於是回想起討厭記憶的頻率就會減少。

當你腦中重複浮現過去被說過的殘酷話語，會出現什麼感情呢？

或許隱藏著「其他感情」，試著找找看有沒有像U先生一樣隱藏了別的感情。

婚友聯誼活動
你好～
你的興趣是打網球啊！其實我也是耶！
啊，是喔。
……。
……。
接下來怎麼辦？
……。
……。
我應該接著說什麼才好？
啊，很高興認識你，那我先走了……
欸……
爲什麼我總是沒辦法好好說話呢！？
除了我，大家都很開心……

對異性感到棘手

你和同性或異性在一起時，何者讓你感到比較輕鬆？何者讓你覺得在一起時不會緊張、能夠做自己呢？

其實選擇哪一方都沒問題，和同性在一起比較輕鬆，或和異性在一起比較輕鬆都無妨。比起性別，有些人覺得對方的性格或類型比較重要，這樣也沒關係。

為何要問這種問題呢？因為不少人光是聽到「異性」就會感到恐懼或棘手。

接下來有些話想告訴對異性感到棘手的人，首先介紹一個實際案例。

實際諮商案例

最近我參加了交友活動，可是和異性單獨相處時，我沒辦法好好說話。應該說我很害怕，所以說不出話。對方找我攀談，我卻只能苦笑，勉強擠出幾個字回應……

或許是因爲這樣，就算參加活動，也很難和異性發展到交往階段。我眞的很想交男友，卻不知道爲何和異性說話會如此害怕……

諮商者M小姐從學生時期就不擅長和異性說話或一起玩，聽她的描述，過去並沒有被異性欺負或被異性惡搞的經驗。與其說是那樣，其實她一直對異性感到恐懼，所以盡可能不接觸異性，不和異性有所往來。

對此，M小姐也感到困惑「不知道為什麼那麼害怕異性」。

「想不到特別的理由卻害怕異性」的情況，試著尋找原因，可能是父母或祖父母等身邊的大人所致。

例如父親是會大聲斥責的人，就會害怕「咆哮的男性」；母親是很會碎碎念的人，就會對「上年紀的女性」感到棘手。**小時候的感受會無意識地延續到長大，這是常有的事。**

不過，M小姐的情況並非如此。祖父母在她出生前已經離世，彼此沒有互動過，父母都是很溫柔的人，她和父母感情融洽，每週會回老家一趟一起用餐。

於是，我問她：「可怕的異性是怎樣的感覺？」

M小姐回道：「怎樣的人啊……這樣說可能不太對，我很怕國二時的補習班老師。他真的很常罵人，聲音很大，說話也很粗魯。如果忘了寫作業，那就糟了！現在回想起來，我還是會忍不住心頭一顫。每週要去補習兩次，每次到了要補習的時間，我就會肚子痛，結果跟不上補習班的進度，後來就沒去了。」

原來M小姐並不是因為父母，而是學生時期的補習班老師讓她對異性感到恐懼。那位老師塑造了「異性＝可怕」的形象。

M小姐說出這段往事，察覺到這個可能性後，她驚訝地說：「這麼說來，就是從那時候開始，我覺得異性很可怕！以前我會和異性朋友一起玩，從那時候起總會想要刻意迴避。不不，不會吧，那麼久以前的事到現在我還沒放下……」

像這樣，只因為一個人的存在，造成對所有異性警戒的情況並不少見。就算沒有因為異性遭遇可怕的事，**光是聽聞別人可怕的遭遇，也會對異性產生恐懼感**。

說到可怕的遭遇，或許有些人會聯想到可怕的事。即使程度不同，有些人是無法告訴別人的性侵害；有些人是被異性嘲笑而受傷，或在嬉戲過程中被異性追趕而感到厭惡；有些人是被異性嚴厲斥責而感到恐懼。

重要的不是客觀事實的大小或嚴重性。

即使在別人眼中不是什麼大事，有人有更可怕的遭遇，如果你現在覺得「異性很可怕」、「對異性感到棘手」，**對你來說就是大事**。因此，不必覺得「只不過是一點小事」。

不知為何對異性感到棘手的人，請試著回想小時候對身邊的大人是否感到棘手。

如果想不到，試著找找看有沒有和M小姐一樣覺得「棘手」或「可怕」的異性。

要減輕對異性感到棘手的意識或不安，最快的捷徑是知道起因。**找到起因後，無論是怎樣的事，請不要否定自己。**很討厭、很害怕、很棘手、很痛苦、不想繼續……若能接受並認同自己當時的感受，那時未消化的感受就會漸漸穩定，能夠有效緩和現在感到的恐懼或不安。

這個麻煩你順便做一下。
好的……
什麼順便，哪有順便！
反正你很閒對吧？
這是急件，拜託你囉～
是是是……
這傢伙！真令人火大！
還有啊～
囉哩
……!!
囉嗦
……
講不停
欸欸～你有在聽嗎？
斷線
夠了，你給我差不多一點！
啊啊～！我又忍不住發火了！

無法抑制憤怒，忍不住爆發

無論是誰，都有憤怒爆發的時候。

總是忍耐的人，在感到「無法再忍耐」的臨界點時就會發怒；一直壓抑感情持續忍耐的人，也會有「無法再忍下去」的爆發時刻。

忍耐的事越多，忍耐的時間越長，壓抑的感情越強烈，憤怒的感情就會擴大。

憤怒爆發的模式，大致上分為兩種。

第一種是**對比自己立場弱的人爆發憤怒。**

我們通常傾向把強烈的憤怒發洩在對自己不會有太大影響的人身上。**把忍受那些位階比自己高的人的不滿、無法對身邊人訴說的心情或壓抑的心聲，遷怒在不會攻擊自己的人身上**。就像忍耐可怕的上司，遷怒溫順的部下。

第二種是**向家人或戀人、朋友等身邊的人爆發憤怒**。總是顧慮他人、在意別人的眼光、無法說出自己的意見等，長年累積的壓力化作憤怒，對著身邊的人爆發。**面對自己信賴的人、個性溫和不會傷害自己的人，或是希望能夠接受自己的對象，容易爆發憤怒**。

關於這兩個類型，接下來介紹一個實際案例。

實際諮商案例

我和伴侶已經交往了十年以上，剛開始交往時，我會說過分的話爲難他，最近

感覺頻率變多了……

我的伴侶是很溫柔的人，即使我這樣，他還是說「想和我在一起」。不過繼續這樣下去，總有一天他會厭煩我，和我提出分手，所以我必須改變自己。

諮商者Y小姐是很穩重的人，其實除了伴侶，她從未對外人說出過分的話，也不會突然爆發憤怒。不過，她不擅長表達自己的意見或感情，總是習慣忍耐。一個人的時候經常後悔「啊，應該說出來」、「應該這麼做」。Y小姐的憤怒只會對伴侶爆發。

於是我問她：「妳是從什麼時候開始壓抑自己的心情呢？」她回道：「從小就一直是這樣。」Y小姐的父母在她小時候感情就不好，一見面就吵架，有時是大聲爭吵，甚至吵到亂丟東西，待在家裡讓她很害怕。身處那樣的環境，她無法把自己的心情告訴父母，寂寞的時候、痛苦的時候、難過的時候……一直都是獨自努力撐過去。

然而，小時候刻意壓抑、忍耐的感情，不會就這樣消失。以Y小姐的情況來說，因為出現接受自己的對象（伴侶），**小時候只能忍耐的無奈心情化作「憤怒」**。

無法抑制憤怒，聽起來也許很糟糕，但一直無法生氣的Y小姐，也可說是終於能夠發洩怒氣。過去做不到的事，終於能夠做到了。

像Y小姐一樣自責暴怒的自己而感到沮喪，覺得「都是我缺乏耐性」、「是我無法控制感情」的人很多，其實恰恰相反。**越是忍耐力強，能夠控制自我感情的人，越容易爆發憤怒**。

請試著回想無法壓抑憤怒時的情況。

憤怒爆發之前，你是不是已經忍耐了許多事。並不是沒發生什麼事就突然生氣，而是忍到了臨界點，終於爆發怒氣不是嗎？如果是這樣，你是忍耐力相當堅強的人。

而且，你並不是無法控制憤怒，**可能是有無法控制的事才爆發憤怒。**憤怒的爆發是到達了臨界點。也就是說，你在爆發之前已經控制自己的憤怒好幾次，因此不必自責「是我無法控制感情」。

就像你不會對骨折受傷的人說：「要好好努力，下次不要骨折。」首先，必須好好休息，讓受傷的骨頭恢復。

同樣地，一直忍耐到憤怒爆發的你要認同自己「很努力撐到現在」，然後去吃好吃的東西、好好休息，讓身心恢復。

你不是因為缺乏耐性才爆發憤怒，也不是易怒的人。**突然爆發的憤怒是過**

去累積至今的感情。所以，要避免感情爆發，就不要壓抑感情，**不要過度忍耐，這點很重要**。

「不想在重要的人面前爆發憤怒」的話，**試著一點一點地釋放憤怒，表達自己的心情**。減少忍耐就不會累積憤怒的感情，自然不容易暴怒。

如果勉強自己壓抑憤怒，總有一天會爆發，**請先試著減少對小事的忍耐**。

CHAPTER 4

讓心稍微變輕鬆

太在意燈忘了關、
門忘了鎖

……。
嗯，我有鎖門吧？
我記得應該有鎖啦……
以防萬一，還是回去確認一下吧。
喀嚓
105
這下OK了。
咦？
我剛剛有鎖門吧？
怎麼辦？我又開始擔心起來。
可是，再拖下去我就要遲到了……

太在意燈忘了關、門忘了鎖

實際諮商案例

我總是很在意家裡的門有沒有鎖，比一般人還在意。出門後，因爲擔心門沒鎖，又跑回家一趟，有時會耽誤赴約或工作。其實沒有忘記鎖門，但我就是會擔心害怕，如果沒有鎖的話……不做確認，我就不放心。

在意家門沒有鎖，為了確認又返家，擔心燈沒有關的經驗，我想任何人都有過。因此，擔心到哪種程度是正常，確認幾次才算沒問題，並沒有明確的界線。

重要的是，**現在的狀態會不會妨礙你的生活**。多數情況，不安的想像和行動會妨礙生活。因為光靠自己的意志，無法阻止做確認的行動。

諮商者T先生擔心「如果門沒鎖的話……」，為了做確認而返家，因而妨礙到日常生活。

因為不安，無法停止做確認的狀態是重複❶～❹的狀態。

❶浮現不安的想像
❷因為不安而坐立難安
❸為了消除不安，採取做確認的「行動」
❹做完確認後，不安消失

❺重複「❶～❹」

前文提到，不安的想像和行動會妨礙生活，為什麼兩者會有所關聯？因為行動會消除不安的想像。

因此，為了消除不安的想像，採取確認行動。雖然採取確認行動可以暫時消除不安，一旦又浮現不安，就又會採取確認行動。因為消除不安的唯一手段就是確認。

為了擺脫這種負面循環，必須讓自己達成以下狀態。

❶浮現不安的想像
❷因為不安而坐立難安
❸不做確認（不採取行動）
❹雖然感受到超過「②」的不安或恐懼，還是想辦法忍耐

5 不再浮現不安的想像，就算浮現不安的想像也能不做確認

能夠撐得過「④」的狀態，就不會妨礙日常生活的「在意」。減少過度在意，即使在意也能不做確認。

話雖如此，這個階段相當困難，假如出現強烈的不安或恐慌等症狀，有時必須服用藥物。

說出這件事並不是要讓你感到不安，也不是要說因為困難，所以最好放棄。只是想讓你知道，這是很難克服的狀態。

因為不知道這件事而過度自責，或是被身邊的人責怪而感到痛苦的人很多，所以我希望你能知道這件事。

停止不了做確認的話，**必須先理解自己對什麼感到不安或恐懼。**

以Ｔ先生的情況來說，是「小偷闖進家裡」、「家裡的東西被偷」、「回到家遇見陌生人的風險」這三點。小時候他看新聞看到「因為忘了鎖門，小偷闖進家裡弄得一團糟，剛好回到家的屋主，撞見犯人被攻擊」，在他心中留下強烈的可怕印象。

理解自己對什麼感到不安或恐懼，接下來寫出自己的確認行動。思考看看該怎麼做，能夠讓確認行動控制在一至兩次結束。

Ｔ先生的情況是「確認門有沒有鎖好幾次」。對於門有沒有鎖這件事感到不安或恐懼，為了做確認而返家，只要有能夠確認「門鎖了」的證據，就能不用做好幾次確認。

Ｔ先生嘗試做了以下三件事。

❶門上鎖時說出「喀嚓」，讓自己意識到門鎖了這件事。然後，用手指

著門做確認

❷ 門上鎖後，數十秒再做一次確認，然後說「ＯＫ，鎖好了」

❸ 拍下自己鎖門後的影片

Ｔ先生對於①不太能夠感受到實際效果。②的方法儘管有時有效，還是會因為擔心而做確認。

最有效的方法是③，之後看影片就不必返家確認，也能讓自己安心，知道「沒關係，已經鎖好了」。而且Ｔ先生也逐漸理解，就算沒有返家做確認也不會發生自己擔心的事。他透過②和③的方法，短短四個月就消除了做確認的行動。

聽到別人說「不會發生那種事啦」、「你擔心太多了」，但為此擔憂的人並不那麼想。不過，如果自己能夠累積「不會發生那種事」的體驗，自然就會接受。

停止做確認是一件超乎想像的難事。即使成功過一次，也不表示下次會成功。即使成功了一段時間，也可能輸給不安或恐懼。最後停止做確認的T先生也是反覆經歷這樣的過程。

因此，**感到沮喪時，請試著肯定正在進行困難挑戰的自己。因爲不安或恐懼感到恐慌時，告訴自己「這是預料中的事」、「不安或恐懼變強只是一個階段」也很有效。**

獨自進行很困難的話，可以像T先生一樣，和醫師或諮商師一起解決問題，或是向值得信任的人尋求協助。

「有時成功，有時也會失敗。」

「就算失敗了一次，再挑戰就沒問題。」

請記住這兩點。

只要不停止持續挑戰，你也能擺脫不斷做確認這件事。無論發生什麼事都不要自責，先從相信自己開始。

用60％的力氣努力。
不要太勉強自己。
適可而止就好。
那到底是怎樣的程度？
應該怎麼做？
即使已經努力達到一般的程度，
你看看哥哥做得到，
為什麼你做不到？
你應該做得到啊！
就算努力過還是得不到認同。
……
100
好棒喔！
做得好～
不努力的我就像是沒價值的人。
就連假日也在工作啊～
所以，我真的搞不懂什麼是「不努力」，
也無法覺得不努力沒關係。

對休息感到棘手，如果不做點什麼就會靜不下心

實際諮商案例

上個月我把身體搞壞了，公司的職場醫生交代我要放鬆一點，休息的時候好好休息。儘管聽到那樣的話，知道要適可而止、差不多就好、不要太拚命……但我就是辦不到。

不光是工作，就連私生活也是如此。放假的時候，休息讓我感到無所適從，總覺得不做些什麼就靜不下心。我該怎麼做才能讓自己休息呢？

諮商者M小姐對休息感到棘手，不做些什麼就會靜不下心。

即使搞壞身體向公司請假的這段期間，她也說：「不想浪費時間，不知道現在的自己可以做什麼……」所以開始學語言。與其說有想做的事，所以樂在其中，她比較像是**因爲「不得不做」的不安或焦慮，迫使她那麼做**。

對休息這件事感到棘手很糟糕，無論如何必須休息，其實並非如此。

有些人對於安靜不動感到棘手，比起休息更喜歡活動且樂在其中。若是為了自己想做的事而行動，就算累也會感到滿足那倒無妨。

不過，諮商者M小姐想休息卻無法休息而感到辛苦。無法滿足自己想休息的慾望，勉強自己持續活動，只會累積壓力和疲勞。

想休息卻無法休息，是某個「不可以休息」的原因導致。首先要找出原因為何。

多數情況，原因來自於小時候。

為了找出原因，試著說說以下這幾句話。

- **我就算有精神也可以休息**
- **我可以玩樂**
- **就算不再努力也沒關係**
- **我可以玩完再做該做的事**

請問你有何感受呢？

說出這些話的時候，感到心情舒暢，覺得「說得沒錯」，還是覺得心情煩悶，想反駁「怎麼可能」呢？

找出原因的重點是，**讓你感到心情煩悶、想反駁的話**。

以M小姐的情況來說，她對一字一句都會有想反駁的心情。像是「那樣很糟糕」、「那樣不會被人認同」、「做不到的自己沒價值」，滿腦子都是這種想法。

聽到我這麼說，M小姐說她從小就覺得父母只愛「做得到的她」。父母只在她得到第一名的時候稱讚她，不管她多努力，如果不是第一名，根本不會看她一眼。當她沒有考上第一志願的高中時，母親放聲哭訴「我對妳很失望」、「我沒想到妳是這樣的廢物」，現在想起來她還是覺得很痛苦。

像M小姐這樣**認爲只有做得到的自己才會得到愛的人**，因為覺得做不到的自己沒價值，所以**會一直持續努力**。

小時候刻意迴避休息或玩樂，對於休息或玩樂會有罪惡感。**休息時容易出**

現「我可以做這種事嗎？」、「會不會變成很差勁的人」的焦慮或不安。

由於沒有獲得成果而受到嚴重傷害的經驗，比起任何事會更執著於獲得成果。**不是以自己是否已經盡力，而是以有沒有成果來做評斷。**

因此，沒有獲得成果時，不會肯定自己「已經盡力」的過程，經常自責沒有獲得成果的自己。就像過去父母對待自己那樣，嚴格地對待自己。

像這樣，因為過去的往事對休息或放鬆感到棘手。

因此，請先試著找出什麼是制止你休息的原因。

任何小事都沒關係，**現在還能想得到的話，對你就是有意義的回憶。**如果是沒什麼了不起的事，應該老早就忘了。

即使現在的你覺得已經是沒什麼了不起的事，**對小時候的你來說或許是非常重大的事。**

找到制止的原因後，接下來請允許自己。

小時候父母說不行，那就不行。父母沒有擺出好臉色，就會察覺不可以。

不過，已經長大的你可以自己決定是否可行。

就算父母覺得不可以，你已經具備「可以自己做」的能力。

要擺脫無法休息的狀況，最有效的方法就是允許自己「可以休息」。

如果沒辦法那麼想，也有間接讓自己休息的方法，就是**在行程表排入休息。**

這麼一來，休息就會變成預定事項。你會覺得是在「完成預定事項」，減輕對休息這件事的罪惡感。

因為過去的某件事，一直努力讓自己「不可以休息」、「必須努力」的你，只有你能夠允許自己「可以休息」。

沒關係，**現在的你能允許自己「我可以休息」。**

如果沒有收到對方的回覆，
我就會心慌。
已讀
明天幾點可以見面？
喔
叮咚
不過，
他回覆了，太好了～
放心
你好慢才回。你根本不在乎我對吧？你真的好差勁。
明明心裡很高興對方回覆了……
不知道爲什麼總是鬧彆扭、故意說不好聽的話。
我很擔心你，
我好寂寞喔，
謝謝你聯絡我。
唉呀～他生氣了
你為什麼老是用這種口氣說話啊！？
其實只要坦白說出心裡話就好了。

無法直接表達感情

實際諮商案例

因爲無法坦白表達自己的感情，導致別人離我遠去。

雖然有交往的對象，只要對方一陣子沒聯絡，我就會感到不安，生氣地問「爲什麼不聯絡我」，或故意說「你不喜歡我對吧」，用試探的話語讓對方感到爲難……他可能已經快要厭倦我了。

像我這樣乖僻的個性有辦法改掉嗎？

很寂寞、很開心、想見面、想待在身邊、想擁抱、喜歡、討厭、想要這個、不想做這個。

有些人能夠直接表達自己的心情，但有些人像S小姐一樣感到棘手。

「能夠直接表達自己的心情比較好」是近年的風潮，但也未必如此。並非什麼事都直接表現出來比較好，不擅長表達感情的人其實很多。

所以，如果你是無法直接表現感情的人，沒必要自責。因為**會有人「認同」這樣的你，也會有讓你覺得在一起很輕鬆的人。**

不過，如果你像S小姐一樣為了無法直接表達感情而煩惱，接下來要介紹的方法應該會有所幫助。

無法直接表達心情的人有兩種，請先思考看看你是哪一種。

第一種是**本來就不了解自己的心情的人。**

這種人多數是**小時候經常忍耐、壓抑表達感情的人。**

不了解某種特定感情的話，請參閱第一章第27頁，了解自己是什麼心情。然後，**允許自己「像其他人一樣，我也可以直接表達感情」**，這麼做很有效。

第二種是**拐彎抹角表達自己的心情的人。**

小時候比起自己思考、行動，通常是**被迫照著父母說的話去做**，經常被父母指示或指正的話，長大後對他人的指示或指正也會有敏感的反應。雖然不是直接和對方硬碰硬，**腦海中會浮現和他人對抗的想像**，這是常有的現象之一。

這類型的人對於坦白表達自己的心情感到棘手。與其說棘手，應該說是**小時候即使坦白表達感情，對父母卻不管用，所以變得不會直接表達感情**。

有別於第一種類型，是因為自己心情明確，所以用拐彎抹角的方式取代直接表達。

例如，對方沒有聯絡，感到寂寞的時候，能夠直接表達的人會坦白說「你沒聯絡我，我好寂寞」，然後請求對方「希望你之後可以聯絡我」。

然而，經常用拐彎抹角的方式取代直接表達心情的人，會說：「你不喜歡我對吧？」有時也會用憤怒取代請求，像是：「為什麼不聯絡我？」

對於這類型的人，**用「我」爲主語表達心情是有效的方法**。

若是用拐彎抹角的表達方式，「對方」會成為主語。

關於這點，請用前文的例子來思考。

「為什麼不聯絡我？」的主語是對方，感覺是「（你）為什麼不聯絡我？」。如果**把主語變成自己**，就會變成「我希望你聯絡我」。

向對方表達心情時，**只要把主語變成「我」，拐彎抹角的話語就會立刻變成直接的表現。**

因為把主語變成「我」之後，很難用拐彎抹角的方式表達。

不過，要把主語變成「我」需要時間適應，所以如果覺得做不來也別擔心。因為要用和以往不同的思維模式思考、表達需要練習。

以諮商者S小姐的情況來說，**先練習自己一個人的時候，把主語從「對方→我」**。S小姐說想起過去，經常會在腦中和某人對抗或爭論，所以我請她試著**在腦中將主語換成「我」來表達心情**，在腦中不斷進行想像訓練。

持續做了兩週的訓練，S小姐已經能將主語換成「我」來表達心情，而且也能用「我」為主語，向公司的同事、朋友或父母直接表達心情。

一個月後，S小姐笑著告訴我：「比起以前，我和別人的衝突變少了。」

討厭無法直接表達心情的自己，討厭自己這種個性的人很多。可是，**無法直接表達，通常並非個性所致**。改變個性很困難，但可以設法切換表達方式。

因此，**不要勉強改變現在的自己**，請試著切換表達方式。

你買包包啦？
我也收到包包呢！
嘻嘻，新品喔～
……。
反正我就是只能自己買啦！
好羨慕你可以那麼悠悠哉哉～
不像我事情一～大堆
啊，抱歉有電話
又來約我了～
反正我就是沒朋友啦！
你去泡溫泉啊？
我下個月要去夏威夷喔
國內旅遊很便宜也不錯啦～
謝謝你的伴手禮唷～
反正我就是沒錢啦！
那個人老是喜歡用言語打壓我。
雖然每次都無法當場頂回去……
可惡
只要想起來就覺得很火大～

覺得被他人輕視、容易受到打壓

實際諮商案例

因爲沒有小孩，時間很自由，眞羨慕你、學歷如何如何……每件事都被拿來批評。我買了好一點的包包犒賞自己，卻被說因爲單身可以自在花錢，眞羨慕你，讓我聽了很不甘心。

雖然遇到這種情況，最好的方法就是不理會對方。不過，如果我很強勢就能好好回嘴。即使當時忍了下來，回到家還是會一直想「啊，應該要說出來」、「這樣說就好了」，眞的很想頂回去。

有些人會直接說輕視對方的話；有些人是拐彎抹角，以強調自己比較優秀的言語打壓。打壓原本是網路上的用語，隨著這種現象普及，越來越多人有「容易被打壓」的煩惱。

不光是自己的事，交往對象或結婚對象的地位或年收入、孩子的學歷等，能夠被說嘴的事很多。進行言語打壓的人，會想盡辦法觸及對方的痛處。

環顧四周，有些人容易被打壓，有些人不易被打壓，有時會覺得只有自己被打壓。

那是因為，進行言語打壓的人會挑對象。

聽到這段話，有些人會覺得原因在於自己，心想「因為我是糟糕的人」、「因為我有不足之處」。可是，**原因未必在於自己。**

與其說有哪方面比對方差，其實**多數是對方因爲羨慕或嫉妒而進行打壓。**

諮商者K小姐的情況是，她的工作能力比周圍的人好。從小就很努力的她得到父母的認同，她認為在工作上「努力」是準則。平常做事從不偷懶，總是全力以赴，因而得到上司的好評。

對K小姐進行言語打壓的人，工作上不像K小姐那樣得到好評（或是自己這麼認為），覺得自己在工作上輸給她，所以想在工作以外的私生活方面贏過她。

反之，覺得私生活方面輸給同事的人，會在工作或學歷上進行打壓。有些人會直接說「我的學歷比你好」、「我是〇〇大學畢業」，甚至說出批評的話，像是「你連這個都不懂啊」、「這點小事一般人都會」。

進行言語打壓的人無法變成「不會打壓的人」，因為他們是靠那種方式來維持自尊。就算周圍的人希望他們別那麼做，他們也不會停止。

因此，受到打壓不是你的錯。

不是因為你哪裡好或不好，**只是對方想要打壓而已**。

所以自責「是被打壓的我不對」，或是認為自己有失誤，覺得「是我的錯」的人，請別忘了這一點。

不是被打壓的人有問題，是進行打壓的人有問題。被酸言酸語攻擊而受傷的你，請別再傷害自己。

一般來說，受到打壓的話，不理會對方就好。如果有所反應，對方會感到開心、滿足。假如對「求關注的人」的打壓有所反應，他會覺得很有趣，反而更想找碴，這點要留意。

遇到那樣的人，輕描淡寫地應付過去，冷淡地說「就是說啊」，不經意地改變話題也很有效。

此外，**若是出自羨慕或嫉妒的打壓，盡可能不要反抗對方。**一旦應戰，對方的嫉妒心會大爆發，產生「不管怎樣，我就是不想輸」的念頭，結果攻擊變得越來越嚴重。

除了忽視的做法，**「你好厲害喔」像這樣稱讚也是一種方法**，這麼做可以削弱對方對你的敵意。

以Ｋ小姐的情況來說，就算她忽視對方也沒用。即使敷衍迴避或是表現得毫無興趣，對方依然死纏爛打。

於是Ｋ小姐試著稱讚對方。

當對方說：「單身好輕鬆，真好，好羨慕你。哪像我有孩子，每天都好忙喔。」她試著稱讚對方：「你有孩子要照顧，工作還那麼認真，真的好棒喔。」結果對方相當驚訝，匆忙離開，後來不再對K小姐進行打壓。

儘管面對打壓，忽視是最好的方法，但有些人就像打壓K小姐的人那樣，會一直打壓默不作聲的人。

面對忽視也不停止打壓的人，像K小姐一樣「刻意有所反應」，有時會發揮效果。用打壓回擊打壓會讓情況變得複雜棘手，但用稱讚反擊應該不會引起糾紛。

打壓這種事，有問題的是對方，所以請試著用對你不會造成太大壓力或損害的方法去處理。

關於這個，你有什麼想法？
你覺得爲什麼會變成這樣？
雖然腦子裡其實有很多想說的事，
因為這種理由～
我想應該是～
偏偏就是無法用言語好好表達……
因為這種理由～
我想應該是～
所以，我總是說不出口。
沒辦法好好說……
……。
我想應該是～
畏縮
你怎麼想？
爲什麼？
你倒是說說話啊。
……。
呃……
表達自己的想法讓我感到很棘手。

無法好好表達想說的事

實際諮商案例

腦中有許多想說的事，在人前卻擠不出半句話；明明有想法和意見，聽到提問卻語塞，無法好好表達。

我想和大家一樣能夠好好表達，但我從小就一直是這樣。

小時候發生的事，長大後仍會持續影響對吧？那麼，不管我多努力也沒辦法改變嗎？

有些人因為沒有自己的意見，所以無法好好表達；有些人則是有自己的意見，卻無法好好表達。

若是沒有自己的意見，無法好好表達的情況，第一章77頁介紹的方法很有效。**試著先捨棄「自己無法思考」的過往成見。**

像諮商者A先生一樣有自己的意見卻無法好好表達的人，多數是小時候就不擅長表達。

因為父母或老師等周圍的大人，對自己的話充耳不聞，所以覺得「就算說了也沒意義」；或是曾經被否定的話語傷害，因此覺得「不要說比較好」。

由於過去的某件事，讓自己做出「不說」意見的決定。小時候所做的決定，如果沒做任何改變，長大後也會持續發揮作用。

在這種類型的情況下，其實只是說出自己想法的經驗太少而已，並非你本身有什麼不足之處，或是因為個性讓你無法好好表達，就**只是說的經驗比周圍的人不足罷了**。

Ａ先生擔心：「無論我再怎麼努力，都沒辦法好好表達嗎？」事實並非如此。

小時候發生的事，長大後確實仍會有所影響，但影響不會持續一輩子。**能夠察覺自己受到怎樣的影響，就能消除影響**。

以Ａ先生的情況來說，他發現自己「從小就一直是這樣（聽到提問會語塞，無法好好表達）」。透過心理諮商，他也發現並理解「我不是不會說，只是說出意見的次數比周圍的人少而已」。

後來，他增加說的次數且不斷練習。

Ａ先生回到家會開「獨省會」，回顧當天發生的事，他活用這個習慣，試著**透過「獨省會」深入思考自己真正想說的事是什麼，並以此取代以往的自責**。

這時候的重點是**寫在紙上**。藉由寫出來，讓自己的意見變得明確。不光是想說什麼，也能去思考怎麼說容易讓他人了解。

Ａ先生持續做了一個月的練習後，漸漸能夠說出自己想說的事。諮商結束後過了四個月，他已經能在會議上大方說出自己的意見。

Ａ先生的煩惱是，腦中的想法難以化作言語。因此，透過寫在紙上的動作整理思考。

覺得這麼做有點麻煩的人更要嘗試，**覺得麻煩的事很可能是過去沒有做的事。**

採取和以往不同的行動會帶來不同的結果，請務必試試看。

我很害怕面對醫師或諮商師。
CLIN
唉～好沉重……
所以，你想跟我說什麼？
我說你啊，這世上很多人過得比你辛苦。
拜託，你怎麼還在說那種事？
反正，沒有人可以理解我。
大家都做得到
太天真
是你太懶散
你那樣很奇怪
說出煩惱，結果只是讓自己更難受。

怕看醫師或諮商師

實際諮商案例

我現年三十七歲，與父母同住。半年前因為在身心科做了心理諮商，讓我無法信任諮商師。

雖然我愛我的父母，當時因為被他們監視行動，干涉許多事，讓我覺得心累而去做諮商。結果那位諮商師強烈指責我：「已經是大人了，和父母同住還抱怨，實在很天真。你對父母沒有感恩之情嗎？我沒被父母好好照顧過，但我也沒對父母有所抱怨，你已經很幸福了。」

諮商者M小姐想要解決自己的問題，卻因為過去受傷的經驗，讓她無法再做心理諮商。

我主要是從事親子問題的心理諮商，發現有這種煩惱的人非常多。

本該是能夠讓人放鬆心情的心理諮商，卻有越來越多人為此感到辛苦。諮商者因為醫師或諮商師的一句話而深深受傷、無法振作，為此來找我諮商的人不在少數。

「三十年來，不管去哪裡都不被理解」、「我去過六個地方，終於找到能夠理解我的地方」，哭著說：「第一次遇到沒有否定我，願意傾聽我說話的地方。」這樣的人也很多。

就算覺得和醫師或諮商師合不來，也不表示你哪裡很糟糕或哪裡不好，**可**

能只是你和那個人合不來而已。

所以不要自責，不是你的錯。

各位聽過「權威偏見」嗎？

因為地位或頭銜，深信對方的言行舉止很正確。

例如：「那個名人說得準沒錯。」、「醫生這樣說的話，一定是如此。」

像這樣沒有仔細思考而深信不疑。

不過，諮商師和你一樣都是平凡人，即使有知識或經驗也不代表不會傷害你。有些人會刻意說攻擊性的話語，或是隨自己的心情敷衍應付、若無其事地傷害別人。

身為諮商師，我想說的是：**無論對方是誰，對於傷害你的人所說的話，**

不必照單全收。如果覺得奇怪，建議你可以去做二次諮詢，尋求第二種意見。

要傳達某件事的時候，不必傷害他人、批評或攻擊他人，也不需要使用嚴苛的話語，有很多方法可以明確傳達。

聽到不合理的話，內心深深受傷時，請不要接受那些過分的話語。不管對方是誰，你都沒必要接受傷害你的話語。為了保護你的心，請別忘記這件事。

即使過去遇到的醫師或諮商師否定你，還是會有不否定你的人，**一定會有理解你的人。**

衷心希望有更多人能擺脫過去受傷的經驗。

參考文獻

凡恩·瓊斯（Vann Joines）、艾恩·史都華（Ian Stewart）著，易之新譯，《人際溝通分析練習法》（*TA Today: A New Introduction to Transactional Analysis*），張老師文化出版社，一九九九年。

亞倫·貝克（Aaron T. Beck）著，《認知療法與情緒障礙》（暫譯，*Cognitive Therapy and the Emotional Disorders*），New York: New American Library，一九七九年。

亞倫·貝克（Aaron T. Beck）、奧古斯塔斯·約翰·拉什（A. John Rush）、布

萊恩・蕭（Brian F. Shaw）、蓋瑞・埃默里（Gary Emery）著，《憂鬱症認知療法》（暫譯，*Cognitive Therapy of Depression*），New York: Guilford Press，一九七九年。

國家圖書館出版品預行編目資料

你很好，只是你不知道：擺脫人生內耗的「不在意」情緒練習 / Poche 著；連雪雅 譯. -- 初版. -- 臺北市：平安文化有限公司, 2025. 04
224面；21×14.8公分. -- (平安叢書；第837種)(Upward；172)
譯自：悪いのは、あなたじゃない
ISBN 978-626-7650-20-2（平裝）

1.CST: 自我肯定　2.CST: 自我實現　3.CST: 生活指導

177.2　　114002641

平安叢書第0837種
UPWARD 172

你很好，只是你不知道

擺脫人生內耗的「不在意」情緒練習

悪いのは、あなたじゃない

作　　者—Poche
譯　　者—連雪雅
發 行 人—平　雲
出版發行—平安文化有限公司
臺北市敦化北路120巷50號
電話◎02-27168888
郵撥帳號◎18420815號
皇冠出版社(香港)有限公司
香港銅鑼灣道180號百樂商業中心
19字樓1903室
電話◎2529-1778　傳真◎2527-0904
總 編 輯—許婷婷
副總編輯—平　靜
責任主編—蔡承歡
責任編輯—林鈺芩
美術設計—單　宇
行銷企劃—鄭雅方
著作完成日期—2023年
初版一刷日期—2025年4月
初版二刷日期—2025年6月
法律顧問—王惠光律師

讀者服務傳真專線◎02-27150507
電腦編號◎425172
ISBN◎978-626-7650-20-2
Printed in Taiwan
本書定價◎新臺幣340元/港幣113元